사랑의 이동

사랑의 이동

임우희 수필집

학이사

책을 내며

쓰는 일은 곧 배움이라면

　삶을 글로 기록하며 한 걸음씩 나아가는 사람. 책을 낼 때마다 설렘과 망설임이 교차한다. e-book 여섯 권, 종이책 두 권째이지만, 여전히 부족함을 느낀다. 그럼에도 다시 글을 묶어 세상에 내놓는 이유는 단 하나, 글이 곧 흔적이자 기록이기 때문이다.

　처음엔 단순히 삶을 정리하고 싶었다. 하지만 한 문장, 한 문장을 써 내려갈수록 더 깊이 고민하게 되었다. 정말 전하고 싶은 이야기를 제대로 담고 있을까? 더 솔직하고 의미 있게 쓸 수는 없을까? 때로는 부족함이 보였고, 아쉬움도 컸다.

　그러나 글을 통해 변화의 흔적을 발견할 수 있었다. 지나온 길을 돌아보며 배우고, 다시 앞으로 나아갈 힘을 얻었다. 부족함이 남더라도, 그것 역시 성장의 과정임을 받아들이게 되었다.

쓰는 일이 곧 배움이라면, 이 여정은 아직도 계속된다. 이 책도 그 과정의 일부다. 누군가 이 글을 통해 작은 울림을 얻길 바라며, 앞으로도 한 걸음씩 나아가 보려 한다. 그리고 이 길을 함께해 준 모든 분께 감사의 마음을 전한다.

"이 글이 누군가의 마음속에서 다시 피어나길 바랍니다."

2025년 5월
임우희

차례

책을 내며 ··· 4

1부 철수 할아버지

폐교를 지나며 ··· 12
철수 할아버지 ··· 15
하늘길을 지나며 ··· 19
궁금하다 ··· 22
순간을 만들어 주는 마법 ··· 25
눈이 만든 선물 ··· 28
100세 청춘에게 배운다 ··· 32
와플을 구우며 ··· 36
단단한 것들은 조용히 빛난다 ··· 40
작은 인연 ··· 44
시간을 건네받는다 ··· 49
식탁 ··· 53
하늘이여, 울어다오 ··· 58

2부 내 편

아버지의 마지막 인생 수업 ··· 62
흔들리는 마음 ··· 65
시간의 결 ··· 69
나눔의 가치 ··· 72
내 편 ··· 75
사랑은 떠나지 않는다 ··· 78
아름다운 흔적 ··· 82
시간은 흐르고, 가족은 자란다 ··· 85
삶의 깊이 ··· 89
새해 소망 ··· 94
혼자 있는 시간 ··· 98
시간이 주는 선물 ··· 103
단단한 행복, 삶의 품격 ··· 108

3부 함께 가는 길

가족이 된다는 것 ··· 112
금융 치료 ··· 115
틈 ··· 118
리버풀에서 온 작은 선물 ··· 121
멈춤, 존재의 속삭임 ··· 125
생일, 삶의 마지막 페이지를 채우며 ··· 128
유치원 졸업식 날 ··· 131
함께 가는 길 ··· 135
아침의 기쁨 ··· 139
여동생의 자리 ··· 143
빛을 닮은 엄마 ··· 146
두 번째 기회 ··· 150
비가 내려준 설렘의 길 ··· 154

4부 때로는 차선을 선택한다

소소한 루틴 ··· 160
변화는 영원하다 ··· 163
일요일에도 할 일이 있다 ··· 166
가벼워지기 ··· 169
변화는 나로부터 ··· 173
흙길을 따라 ··· 177
28년의 감사와 운동 ··· 180
쉼을 위하여 ··· 183
때로는 차선을 선택한다 ··· 187
오늘도 나는 걷는다 ··· 191
맨발 산책 ··· 195
딱 53만 원 ··· 199
우리는 왜 질문할까? ··· 203

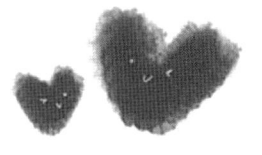

1부
철수 할아버지

폐교를 지나며

어린 시절, 학교는 내 작은 세상이었다. 아침이면 서둘러 가방을 메고 달려 나갔던 길. 운동장에 남아 있던 어제의 작은 발자국들, 따뜻한 햇살이 비치면 공중을 부유하던 분필 가루까지도 생생하다. 아이들의 웃음소리는 운동장을 가득 채웠고, 칠판 앞에 서면 선생님의 또렷한 목소리가 나를 반겼다. 그때는 몰랐다. 그렇게 당연하다고 여겼던 풍경이, 반세기 뒤에는 사라질 수도 있다는 것을.

시간이 지나면서, 운동장의 웃음소리는 점점 희미해졌다. 이제는 시골뿐만 아니라 대도시에서도 학교가 문을 닫는다. 텅 빈 교실, 버려진 책상과 의자, 녹슨 철봉, 학교는 더 이상 아이들의 발소리를 품어주지 못한 채, 그렇게 잊혀간다. 그러나 이것은 단순한 공간의 소멸이 아니다. 그것은 한 세대의 기억이 사라지는 일이며, 교육의 터전이 무너지는 과정이며, 무엇보다도 미래를 잃어가는 일이다.

"학교가 없으면 아이도 없다. 아이가 없으면 미래도 없다."

이 단순한 진실을 우리는 너무 늦게 깨닫고 있는지도 모른다. 출산율 저하는 단순한 숫자가 아니라, 삶의 방식과 가치를 재정립해야 하는 신호다.

경제 논리로만 보면 줄어드는 학생 수에 맞춰 학교를 통폐합하는 것이 당연할지도 모른다. 하지만 교육은 비용의 문제가 아니다. 학교는 지식만을 전달하는 곳이 아니라, 한 사회의 가치를 이어가는 공간이다. 학교가 사라진다는 것은 그 사회가 미래 세대에게 전해줄 이야기를 잃어간다는 의미다.

어떤 길을 선택해야 할까? 우리는 무엇을 할 것인가?

첫째, 교육의 재구성이 필요하다. 출산율 감소는 막을 수 없더라도, 학교를 새로운 형태로 운영할 수 있다. 작은 학교를 지역 공동체 공간으로 활용하고, 대면과 온라인 교육을 결합한 새로운 학습 환경을 조성해야 한다. 학교는 단순한 교육기관이 아니라, 지역의 문화와 공동체를 유지하는 거점이 되어야 한다.

둘째, 삶의 패러다임 변화가 필요하다. 더 이상 '도시는 기회가 있고, 시골은 쇠퇴한다' 는 공식이 지속될 수 없다. 원격 근무와 디지털 경제가 확산하는 시대에, 우리는 도시 집중에서 벗어나 균형 있는 삶을 추구할 수 있어야 한다. 젊은 세대가 지방에서 아이를 키울 수 있도록 주거, 교육, 일자리 정책이 함께 변화

해야 한다.

 셋째, 미래 세대와의 대화가 필요하다. 지금의 아이들은 어른들과 다른 방식으로 세상을 보고 있다. 그들의 가치관을 존중하며, 그들이 원하는 교육과 삶의 방식을 이해하려는 노력이 필요하다. 과거의 학교 시스템을 유지하는 것만이 능사가 아니라, 새로운 형태의 배움과 공동체를 함께 설계하는 것이 중요하다.

 학교는 단순한 건물이 아니다. 그것은 우리 사회가 미래를 어떻게 바라보는지를 보여주는 거울이다. 지금 우리가 선택하는 길이, 다음 세대가 살아갈 세상을 결정할 것이다.

 고향 학교 앞을 지나며 발걸음을 멈춘다. 창문 너머 텅 빈 교실을 바라본다. 책상에는 더 이상 낡은 교과서도, 아이들의 낙서도 남아 있지 않지만, 나는 여전히 그곳에서 아이들의 웃음소리를 듣는다.

 언젠가 이곳에도 다시 봄이 올까. 새로운 배움이 움트고, 아이들의 목소리가 다시 운동장을 가득 채우는 날이 올까. 나는 믿는다. 학교가 지워진 자리에서도, 배움이 남아 있다면, 희망도 함께할 것임을.

철수 할아버지

문학기행 날, 부산의 바람은 어제와 같으면서도 달랐다. 부산 UN 기념 공원을 향하는 내내 마음은 과거와 미래를 오갔다. 광안리 해수욕장의 잔잔한 파도 소리와 요산문학관의 고요한 책장 넘어가는 소리까지도 마치 삶의 작은 목소리처럼 느껴졌다. 밀양 명례성지로 향하는 길 위에서, 나는 이미 지나간 시간을 되새기고 있었다.

아버님이 늘 들려주시던 6.25 전쟁 이야기는 단순한 역사적 사건이 아니었다. 그것은 생생하고 숨결이 닿아 있는 현재였다. 아버님은 학도병으로 참전하셨고, 대구남산초등학교에서 일주일간의 훈련을 받고 전선으로 나가셨다. 아버님의 인생에서 가장 무거운 시간이었을 것이다. 아버님은 전쟁터에서 만난 미군 병사를 평생 그리워하셨고, 결국 나의 딸이 미국인과 결혼하면서 그 그리움은 손주사위라는 형태로 이어졌다. 마치 인연이 시간을 넘어 새로운 연결고리를 만들어내듯이.

아버님은 자주 낡은 앨범을 펼쳐놓고 전쟁터에서 함께했던 동료들의 사진을 바라보시곤 했다. 그분들의 이름을 하나하나 부르며 살아남은 자의 무게를 이야기하셨다. 때로는 고요하게, 때로는 눈물로 밤을 지새우셨다. 그날 밤, 아버님이 어머님에게 조용히 속삭이던 말이 아직도 귀에 남아 있다. "당신이 없었다면 나는 이 삶을 견디지 못했을 거야." 사랑과 감사가 뒤섞인 아버님의 목소리는 내 마음속에 깊이 새겨져 있다.

손주사위는 할아버지를 살갑게 모셨고, 백화점이며 레스토랑을 함께 다녔다. 내가 워킹맘으로 바빠 아이들은 자연스럽게 할아버지, 할머니와 더 많은 시간을 보냈다. 아이들이 받아들인 사랑은 또 다른 방식으로 이어지고 있었다.

딸과 사위가 아이들과 미국으로 건너가고, 아버님은 그들을 가장 그리워하셨다. 그리고 1년 후, 아버님은 우리 곁을 떠나셨다. 그 후 둘째 손자 출산을 돕기 위해 미국을 찾았을 때, 뜻밖의 만남이 있었다. 딸의 이웃집에 사는 한국전쟁 참전용사가 나를 기다리고 있었던 것이다. 한국에서 온 나를 환대하며 자신의 한국 이름을 '철수'라고 소개했다. 전쟁터에서 만난 한국인 병사를 기억하며 '철수'라는 이름을 스스로 선택했다고 한다.

철수 할아버지는 우리 두 손자를 무척 아끼셨다. 친할아버지처럼 놀이를 함께하며, 아이들에게 웃음과 사랑을 주었다. 몇 년 후, 철수 할아버지가 요양원에서 돌아가셨을 때, 손자들은 직접 찾아가 안경을 씌워드리고 그에게 깨어나 같이 놀자고 조르기도 했다고 한다. 아이들의 해맑은 목소리는 장례식장에서도 울려 퍼졌다. 철수 할아버지의 마지막 길은 절대 외롭지 않았을 것이다.

부산 UN 기념 묘지에서 영상을 보고 해설을 들으며 철수 할아버지가 계속 떠올랐다. 70여 년 전, 누군가의 아들이었고, 누군가의 친구였던 전사자들은 이제 이름 없는 묘비로 남아 있었다. 그들을 위해 헌화하며, 나는 마음 깊이 새겼다.

인공지능시대에 우리는 과거의 이야기를 어떻게 미래로 가져갈 수 있을까? 기술이 아무리 발전해도 인간의 감정과 기억은 여전히 우리를 움직이는 가장 강력한 힘이다.

철수 할아버지와 아버님, 그리고 나와 우리 아이들까지, 이 인연들은 국경을 넘어 세대와 시간을 잇는다. 우리가 AI와 함께 살아가는 시대에도 이러한 이야기는 계속될 것이다. 전쟁의 아픔과 희생이 만들어낸 연결고리는 새로운 시대의 철학이 되어, 더 나은 미래를 만들어갈 것이다.

과거의 흔적을 잊지 않고, 그것을 기반으로 미래에 대해 더 깊이 있는 질문을 던져야 한다. 자유와 평화는 결코 당연한 것이 아니며, 우리가 받은 사랑과 희생은 대를 이어 보답해야 할 귀중한 유산임을.

개인의 작은 실천이 세계를 변화시킬 수 있다. 전쟁의 아픔을 경험하지 않은 우리는 서로를 이해하고 존중하며, 한 사람의 친절이 또 다른 이에게로 이어지는 평화의 사슬을 만들어야 한다. 일상에서 누군가에게 건네는 따뜻한 말 한마디, 작은 배려, 그리고 함께 나누는 미소가 세계를 더 나은 곳으로 만드는 시작이다. 그렇게 우리는 오늘도 작은 보답을 통해 평화의 의미를 되새긴다.

하늘길을 지나며

비행기 사고 소식은 언제 들어도 가슴을 철렁하게 한다. 미국 레이건 공항 바로 옆 포토맥강에서 난 사고였다. 비행기와 군 헬기가 충돌해 67명이 희생되었고, 그중에는 한국계 피겨 선수 두 명도 있었다. 기장과 승무원을 포함해 미국과 소련의 피겨스케이팅 선수와 임원들까지 20여 명이 함께였다. 워싱턴 부근, 레이건 공항을 바로 앞에 둔 채 발생한 사고였다.

이런 대형 사고를 접할 때마다 '인재人災'라는 단어가 떠오른다. 이번에도 두 사람이 맡아야 할 일을 한 사람이 하면서 사고로 이어졌다고 한다. 철저한 설명서를 갖추었다고 믿었던 미국에서도 이런 허점이 있을 줄이야. 게다가 트럼프 대통령은 이번 사고까지 전 바이든 정부 탓으로 돌렸다. 사고를 정치적으로 이용하는 모습이 씁쓸하다.

비행기 사고는 우리나라에서도 있었다. 무안에서 비행기 사고로 179명이 목숨을 잃었고, 김해공항에서 이륙 전 선반에 둔 보조 배터리에서 불이 나 비상 탈출을 했다. 다행히 사망자는 없었지만 일곱 명이 다쳐 치료를 받았다. 비행시간이 20여 분 지연되어 이륙 전이라 희생자가 발생하지 않았다고 한다. 천만다행이었다.

뉴스를 접할 때마다 마음이 무거워진다. 나는 비행기를 자주 타는 편이다. 딸 가족이 미국에 살고 있어 지난해도 한 달 반을 미국에서 보내고 왔다. 올해 6월에는 아이들과 이탈리아 친구 가족까지 한국에 온다. 그러니 자연히 비행기를 탈 일이 많다.

특히 둘째 손자의 출산을 돕기 위해 미국에 갔을 때가 기억에 남는다. 인천공항에서 댈러스를 거쳐 스프링필드까지 가는 여정이었다. 그때도 '버스 비행기'라고 불리는, 많은 사람들이 이용하는 기종을 탔다. 나는 출산 준비물을 진공으로 포장해 이민가방 같은 큰 가방 두 개에 담고 최대한 많은 한국식품을 챙겼다. 스프링필드로 향하는 비행기에서 동양인은 나 혼자였다.

비교적 꼼꼼한 성격이라 댈러스에서 내린 후를 대비해 필요한 예상 영어 문장을 노트에 적어 준비했다. 그런데 그날은 유독 점검이 삼엄했다. 얼마 전 프랑스 공항에서 테러가 발생한 직후라 공항 분위기가 긴장감으로 가득했다.

수화물 찾으려는데 검은 개 한 마리가 내 가방을 킁킁거리더니 이내 짖기 시작했다. 나는 곧바로 격리되었고, 검역관들은 가방을 하나하나 열어 검사했다. 아무 문제가 없었지만, 가방을 다시 싸는 일이 문제였다. 담당 검역관이 아무리 넣으려 해도 가방에 다 들어가지 않았다. 나는 이제 큰소리로 화를 내며 재촉했다. 결국 검역관이 청테이프로 칭칭 감아 봉인했다. 그 과정에서 시간이 너무 지체되어 환승 시간이 촉박해졌다. 조바심이 난 나는 소리를 질렀다.

"Please hurry up! I'll miss my flight!"

담당 검역관도 다급해져 도와주었고, 나는 가까스로 버스 비행기에 올랐다.

돌이켜 보면 참 운이 좋았다. 그렇게 자주 비행기를 타고 다녔어도 무사히 돌아올 수 있었다. 하지만 세상에는 언제 어떤 일이 일어날지 모른다. 사고는 방심하는 순간에 찾아든다.

"운이란 준비와 기회가 만나는 순간이다."

안전을 운에 맡길 것이 아니라, 철저한 대비로 운을 스스로 만들어야 한다. 안전한 비행은 단순한 운이 아니라, 확실한 준비에서 나온다. 오늘도 하늘길을 떠나는 모든 이들이 무사히 목적지에 닿기를 바란다. 철저한 준비와 확실한 대비만이 우리가 하늘에서 안전을 지키는 유일한 방법이다.

| 궁금하다

아버님 병원 진료일이 되어버린 날이었다. 순천만 갈대밭에 수필스케치를 하러 가기로 한 날이기도 했다. 하지만 아버님이 갑자기 오랫동안 다니시던 병원에 가겠다고 하셨다. 전립선 비대증과 치과 진료를 위해서였다. 이제는 내가 운전하니 함께 가고 싶다고 하셨다.

수필 특강을 마친 후, 영남수필 회원들과 가을의 정취를 느끼고 싶어 병원 예약을 미루었는데, 아침부터 아버님이 아프다고 하시니 마음이 무거워졌다. 아버님을 병원에 모시고 가는 길에, 가지 못한 순천만 갈대밭과 푸른 가을 하늘, 황금빛 들판이 자꾸 떠올랐다. 어젯밤엔 어떤 옷을 입고 가야 사진이 잘 나올지 고민하다가, 딸이 몇 년 전에 사준 무지개색 줄무늬 벙거지와 노란 티셔츠, 청바지를 준비해 두고 잠이 들었는데.

순천과 땅끝마을을 다녀왔던 꿈을 꾸었다. 영화 촬영지였던 그곳엔 사진 찍을 곳이 많았다. 갈대밭 사이로 게를 잡던 풍경과 떡갈비, 아침 해장국까지 모든 게 생생했다. 그러다 보니 어느새 병원 앞에 도착했다.

아버님을 모시고 치과에 들어갔지만, 치료를 받지 못하고 약만 처방받았다. 진료실에 앉아 계신 아버님은 유난히 작아 보였다. 기력이 약하고 연세가 많아 발치는 위험하다는 의사의 말에 아버님도 쉽게 그러자고 하셨다. 아버님은 올해 83세, 내 생각에도 힘드신 게 당연하다.

집으로 돌아오는 길, 아버님이 이루지 못한 꿈과 삶을 떠올렸다. 시골에서 이장이셨던 아버님은 명절마다 며느리를 귀하게 여기셨다. 시골집에서 불을 지피는 법을 몰라 헤매던 나를 보고, 솔잎을 태워 불꽃을 살려주시던 모습도 선명하다. 펌프질하며 마중물을 붓던 아버님, 경운기로 큰길까지 바래다주시던 모습이 자꾸만 떠올랐다.

26년 전, 아버님과 어머님은 우리 집으로 오셨다. 월성동의 빈 들에 주민들과 함께 농사를 지으시며 신선한 채소를 나눠 드셨다. 배추, 상추, 무, 옥수수, 호박까지 손수 가꾸셨다. 우리는 쉬는 날이면 농협에서 복합비료와 씨앗을 사다 드렸다. 그 시절엔 부모님이 하시는 일이 가끔 귀찮기도 했지만, 지금 생각하면 모든 것이 소중하다.

어머님은 4년 전 훌쩍 세상을 떠나셨고, 아버님만 홀로 남아 계신다. 두 곳 병원을 다녀오는 길, 아버님과 옛이야기를 나눴다. 깊게 팬 주름 사이로 쓸쓸함이 묻어나는 듯했다. "아버님, 팔공산에 바람 쐬러 갈까요?"라고 물었지만, 아버님은 노인정에 데려다달라고 하셨다. 노인정에 모시고 가는 길, 아버님의 말씀에 마음이 뭉클했다.

"네가 운전하니 내가 마음대로 다니는 것 같아 좋다."

노인정 앞에서 아버님은 내리시며 이렇게 말씀하셨다.

"사는 맛이 없어. 아무짝에도 쓸모없는 나를 왜 네 어머니는 안 데리고 가나."

가슴이 쿵 하고 내려앉았다. 아버님의 초췌해진 어깨와 허리, 한 걸음 한 걸음이 위태롭게 느껴졌다. 아버님은 남편의 아버지이자, 우리 아들딸의 할아버지이시다. 외롭고 쓸쓸한 노후를 보내고 계신 아버님을 위해, 나는 조금 더 따뜻한 며느리가 되기로 다짐했다.

지금은 하늘나라에서 어머님과 옛날 팔 남매 키우시며 오순도순 사셨던 옛이야기 나누시며 손잡고 어디든 훨훨 다니실까? 아프지 않은 세상이니 이젠 아무 걱정 없이 우리들이 사는 모습도 가끔은 궁금해하실까? 오늘 아침 하늘을 보니 궁금한 마음이 하늘까지 닿았다.

순간을 만들어 주는 마법

　가요 경연 프로그램을 보다 보면 유난히 감동을 받는 순간들이 있다. 단순히 노래를 잘해서가 아니라, 그들의 이야기와 노력이 묻어나는 무대를 볼 때 더 깊이 몰입하게 된다. 누구나 타고난 목소리가 있지만, 연습량과 인생 경험이 더해지면 노래는 단순한 멜로디가 아니라 한 편의 이야기처럼 다가온다.

　나도 그런 경험이 있다. 우리 집이 대가족이던 시절, 시부모님의 금혼식을 준비하면서 노래를 배운 적이 있었다. 바쁜 일상에서도 의미 있는 순간을 준비하는 그 시간이 오히려 행복했다. 당시 최유나 가수의 〈와인 글라스〉가 신곡이었는데, 반복해서 듣고, 가사를 곱씹으며 연습했다. 가족들 앞에서 노래를 부르던 날, 내 목소리보다 더 크게 들리던 것은 시부모님의 웃음소리였다. 마주 잡은 두 손 위로 반짝이던 금빛 반지가, 환한 미소 속에서 더욱 빛났다.

결혼 후에도 삶은 늘 바빴다. 직장과 집안일, 두 아이의 성장, 그리고 시부모님과의 동거 속에서 해야 할 일들은 줄을 섰다. 하지만 그 속에서도 남편과 나는 우리만의 방식으로 삶을 즐겼다. 노래, 운동, 등산, 그리고 밤에 떠나는 여행. 시부모님이 계셨기에 가능했던 자유였다. 아이들을 맡길 수 있었기에 마음 편히 떠날 수 있었고, 덕분에 우리는 서로의 시간을 존중하는 법을 배웠다.

그중에서도 축구는 우리 가족을 더욱 단단하게 이어주는 매개체였다. 울진과 영덕을 자주 여행하며 축구 경기를 보았고, 경기장에서 터져 나오는 함성과 박수 소리는 우리를 하나로 만들었다. 승패를 떠나 함께 응원하는 그 순간이 더없이 소중했다. 경기 후에는 백암온천에 들러 피로를 풀었고, 따뜻한 물속에서 삶에 관해 이야기했다. 응원은 단순한 외침이 아니라, 서로를 향한 애정의 표현이었다.

그리고 지금, 우리의 응원은 새로운 세대로 이어지고 있다. 미국에서 손자의 축구 경기를 보러 가는 길, 내 마음은 예전과 다르지 않았다. 손자가 뛰는 경기장을 바라보며 여전히 손을 모아 기도하고, 목청껏 그의 이름을 불렀다. 작은 손자가 뛰는 축구팀이 코네티컷주에서 우승했을 때, 우리는 감독님 댁에서 열린 축하 파티에 초대받았다. 식탁 위에는 각자 준비한 음식들이 놓였고, 수영장에서는 아이들이 환호성을 지르며 뛰어놀았다.

부모들은 서로를 향해 건배했고, 나는 그 모습을 바라보며 생각했다. '축구가 단순한 스포츠가 아니라, 이렇게 사람을 하나로 묶어 주는구나.'

생각해 보면, 나는 늘 응원의 자리에서 행복을 찾았다. 한국에서 가족을 위해 노래를 부르던 순간, 손자들의 학교 축제에서 한국의 문화를 소개하며 함께 맘춤을 추던 날, 그리고 손자의 축구 우승을 온 가족이 함께 축하했던 밤까지. 응원이란, 함께 기뻐할 수 있는 순간을 만들어 주는 마법 같은 것이었다.

이제 은퇴를 앞두고 있다. 더 이상 하루를 바쁘게 채울 필요도, 일정에 쫓길 필요도 없다. 그러나 빈손으로 이 시간을 맞이하지 않을 것이다. 지금까지 응원의 순간들이 내 삶을 가득 채웠듯, 앞으로도 사랑하는 사람들을 응원하며 살아갈 것이다.

이제는 경기장 대신 시장에서, 학원 앞에서, 혹은 손자들이 숙제하는 식탁에서 더 자주 응원의 말을 건넬 것이다. 지나온 시간만큼이나 익숙한 자리에서, 크지는 않아도 진심을 담아. 그리고 언젠가, 조용한 아침 창가에 앉아 커피를 마시며 나 자신에게도 한마디 건넬 것 같다.

"지금까지 잘 걸어왔어."

눈이 만든 선물

아침 창을 여니, 세상이 조용한 흰빛으로 숨 쉬고 있었다. 밤사이 내린 눈은 모든 풍경을 지워버린 것이 아니라, 그 위에 부드러운 온기를 남겼다. 변화란 어쩌면 이런 것이 아닐까. 거창한 선언 없이, 어느새 우리의 삶을 감싸는 것.

나는 잠시 차 위에 쌓인 눈을 치우려다 멈춰 섰다. 대신 서재를 정리하기로 했다. 책장에 손을 뻗는 순간, TV에서 흘러나오는 뉴스가 귀를 스쳤다.

"세계 곳곳에서 딥시크(Deep Sec) 대응 움직임이 커지고 있습니다. 호주, 프랑스, 미국 등 그리고 우리나라도 동참했다고 밝혔습니다."

사람마다 다른 키보드 입력 속도와 방식이 개인정보로 활용될 수 있다니, 세상은 점점 더 정교하게 변하고 있었다. 한편, 충주에서는 새벽에 4.2 규모의 지진이 감지되었고, 빙상 경기에서 우리 선수들이 금메달을 따냈다는 소식도 이어졌다. 한순간도 멈추지 않는 변화들. 그때, 며느리에게서 메시지가 왔다.

"시윤이가 어린이집 가면서 눈밭에서 개들보다 더 신나게 뛰어다녀요!"

짧은 한 줄의 문장 속에서 환한 웃음이 번졌다. 그 모습을 상상하는 것만으로도 마음이 따뜻해졌다.

책장을 정리하다 보니, 딸아이가 초등학교 6학년 때 썼던 졸업 문집이 손에 잡혔다. 첫눈 오는 날, 다짐을 적어 놓았던 페이지를 펼쳐보니 그 시절의 딸이 떠올랐다. 그때 우리는 지금보다 훨씬 단순한 꿈을 꾸며 살았던 것 같다. 그 졸업 문집을 사진으로 찍어, 미국에 있는 딸에게 카톡으로 보냈다. 곧장 답장이 도착했다.

"와! 엄마, 이거 아직도 가지고 있었어?"

실시간으로 공유되는 감동, 예전에는 편지를 쓰고 답장을 기다리는 데 몇 주가 걸렸을 텐데, 이제는 몇 초 만에 서로의 기억을 나눈다.

정리를 하다 보니, 유튜브에서 흘러나오는 음악이 귓가를 간질였다. 가수 민수현과 박민수가 함께 부른 〈약장수〉를 듣다가 나도 모르게 크게 웃고 말았다. 음악 하나에 이렇게 기분이 전환될 수도 있다니, 순간순간이 참 소중하다.

점심으로 먹으려고 오븐에 넣어둔 꿀고구마가 달콤한 향을 퍼뜨린다. 책장을 정리하며 맡는 그 향은, 마치 눈 내린 풍경 속에서 따뜻한 손난로를 쥔 듯한 설렘을 안겨준다. 두 시간쯤 지나자, 서재가 새롭게 변신했다. 책상 위에는 작은 화분을 올려놓고, 몇 장의 사진도 가져다 두었다. 뜻밖의 눈이 만든 작은 변화 덕분에, 집 안 분위기가 한결 포근하고 아늑해졌다. 새롭게 정리된 공간 속에서 나도 조금은 더 가벼워진 기분이 들었다.

그러던 차에 며느리가 또 하나의 카톡을 보내왔다. 사진 속 시윤이는 온 세상이 하얗게 변한 것처럼 환한 웃음으로 눈 속을 즐기고 있었다. 보라색 체육복에 하얀 패딩을 걸치고, 작은 손가락으로 브이 자를 만들며 장난기 가득한 얼굴로 웃고 있었다. 신발 끝에는 눈이 묻어 있어 얼마나 신나게 뛰어다녔는지 짐작이 갔다.

"할머니! 눈이 와서 너무 좋아요!"

사진을 보며, 시윤이의 목소리를 듣는 듯했다. 나도 모르게 미소가 번졌다.

뜻밖의 눈이 만든 선물 같은 하루, 서재도 정리했고, 가족과 추억도 나누었고, 음악도 들으며 기분 좋은 웃음도 지었다. 그리고 무엇보다, 사랑하는 손주의 해맑은 얼굴을 보며 따뜻한 행복을 느꼈다.

"세상은 빠르게 변하지만, 나는 자연스럽게 물들어 간다."

변화는 결코 두려운 것이 아니다. 거창한 결심 없어도, 어제와 다른 오늘이 있다. 어쩌면 인생이란, 그렇게 변화를 받아들이며 조용히 스며드는 과정인지도 모른다. 프랑스 철학자 볼테르는 말했다.

"변화는 인생의 법칙이다. 과거와 현재만을 바라보는 사람은 미래를 놓치게 될 것이다."

눈이 녹으면 새로운 계절이 오듯, 오늘도 변화 속에서 부드럽게 흘러간다.

100세 청춘에게 배운다

우연히 TV에서 방영된 '황금연못' 프로그램이 마음에 깊은 울림을 주었다. 초대 손님으로 나온 104세의 아버님과 그 아들이 나란히 앉아 있었다. 화면을 통해 뵙기에도 정정하셨지만, 아버님의 일상은 상상 이상으로 활기찼다.

100년이 넘는 세월, 전쟁과 해방, 기쁨과 슬픔이 교차했던 그 시간을 온몸으로 살아내신 분이었다. 그럼에도 아버님의 눈빛은 맑고, 말씀은 긍정으로 가득했다. 호기심 어린 표정과 여전히 새로운 것에 도전하는 삶의 태도는 마치 나이를 거스르는 듯 보였다. 아침에 일어나면 세수하고, 스트레칭으로 하루를 시작하신다고 한다. 아침 식사는 우유에 견과류와 꿀을 더하고, 달걀부침 한 개를 곁들인다. 거실과 방을 천천히 15분씩 걷는 일도 거르지 않는다. 이 작은 습관들이 모여 100년 넘게 건강을 유지하는 비결이 되었을 것이다.

95세에 복지관에서 배운 컴퓨터로 9년째 일기를 쓰고 계신다는 말에 놀랐다. 노년에 익힌 마술로 봉사활동을 하고, 바이올린까지 연주하는 모습은 인생의 후반전이 결코 쉬어가는 시간이 아님을 보여주었다. 몸은 쓰면 쓸수록 젊음이 유지된다는 것을 직접 증명해 보이는 듯했다.

　방송을 보며 아버님과 나 자신을 자꾸 비교하게 되었다. 70을 넘어선 나 역시 아침에 일어나 세수하고, 거실에서 스트레칭하며 하루를 연다. 작은 습관들이 삶을 지탱해 준다는 걸 알기에 아버님의 생활은 더욱 깊이 다가왔다. 방송을 본 날, 아침부터 기분 좋게 집안일을 시작했다. 쌀쌀한 날씨였지만 2.28 자유공원으로 향했다. 따스한 햇살이 비치는 오전 11시, 40분 동안 맨발로 공원을 걸었다. 바람이 발끝을 스치고, 공원의 나무들은 조용히 나를 응원하는 듯했다.

　출근 후에도 여운이 가시지 않았다. 아버님이 보여준 삶의 방식은 나에게 거울처럼 다가왔다. 각자의 방법은 다르지만, 지향하는 곳은 같다는 것을 느꼈다.

　단순히 오래 사는 것만이 답은 아닐 것이다. 오래 산다는 것은 그저 시간의 축적이 아니라, 그 시간 속에서 얼마나 새로움을 발견하고 나 자신을 다듬어 가는가에 달린 것이 아닐까. 아버님의 삶은 그 세월만큼이나 깊었다. 그리고 그 시간은 반복되는 일상에서 천천히 다져진 것이리라.

그동안 내 삶을 기록하며 수필집과 동시집을 여러 권 출간했다. 삶을 글로 남기며 지나온 날들을 곱씹는 일은 깊은 위로와 기쁨을 안겨주었다. 여기에 더해, 라인댄스와 하모니카를 배웠다. 몸을 움직이고, 숨을 고르고, 손끝으로 작은 멜로디를 만들어내는 이 시간이 내 하루의 리듬이 되었다. 이 작은 습관들이 삶을 지탱하는 또 하나의 기둥이 되기를 바란다. 글을 쓰는 일도, 춤을 추는 일도, 곡을 연주하는 일도 언젠가는 내 곁에서 멀어질지 모르지만, 그날이 오기 전까지 매일 조금씩 더 나아가려 한다.

아버님이 보여주신 삶의 방식은 결국 '지금'에 머물지 않고 끊임없이 나아가는 것에 있었다. 나 역시 그렇게 살아가기를 바란다. 내가 가진 것들을 지키고, 또 새로운 것들을 배우며, 하루하루를 조금 더 설레는 마음으로 채워가고 싶다.

오늘도 거실에서 하모니카를 불어본다. 멜로디는 익숙하지만 그 안에 담긴 나의 하루는 늘 새롭다. 아직도 현역으로 일하는 것이 때로는 버겁게 느껴질 때도 있다. 그러나 그 일들이 내 삶의 이유가 되어주고, 남편과 함께 이 길을 걸을 수 있음에 감사함을 느낀다. 함께하는 아침, 서로에게 힘이 되어주는 존재가 있다는 것은 얼마나 큰 축복인가.

인생의 여정에서 동반자의 존재는 우리의 발걸음을 더욱 견고하게 만든다. 혼자가 아니라 함께라는 사실이 주는 안도감과 기쁨은 말로 다 표현할 수 없다. 우리의 삶을 더 풍요롭게 만들어 주고 있음을 느낀다. 함께하는 이 시간이, 우리의 삶을 더욱 빛나게 해주기를 바란다.

와플을 구우며

금요일 아침, 부엌에서 작은 연금술이 시작된다. 먼저 반죽을 준비한다. 밀가루, 아몬드 가루, 옥수숫가루, 베이킹파우더, 소금을 체에 내린다. 곱게 내려진 가루들은 공기를 머금어 한층 부드러워진다. 이 과정이 중요하다. 반죽이 부드러워야 와플도 가벼운 식감을 갖는다. 우리의 삶도 그렇다. 때때로 무겁게 가라앉은 마음을 체에 내려 가볍게 할 시간이 필요하다.

다음은 촉촉함을 더하는 과정이다. 버터를 녹여 따뜻하게 만들고, 달걀을 풀어 거품이 살짝 올라올 때까지 저어준다. 여기에 우유를 천천히 부으며 부드럽게 섞는다. 마지막으로 바닐라 시럽과 올리브 기름을 살짝 더한다. 모든 재료가 하나로 어우러질 때, 고소하면서도 달콤한 향이 부엌을 감싼다.

이 반죽을 바로 굽지 않는다. 냉장고에 넣고 하룻밤 숙성한다. 시간이 지나면서 재료는 더욱 자연스럽게 어우러지고, 깊은 맛이 배어난다. 삶도 마찬가지다. 무언가를 서둘러 완성하려 하면 깊이가 부족하다. 시간이 지나야 비로소 완성되는 것들이 있다.

아침이 되면 남편이 와플 기계를 꺼낸다. 기계를 예열하는 동안, 나는 숙성된 반죽을 꺼내 한 번 더 저어준다. 남편은 와플 반죽을 붓는 일에도 철저하다. 국자로 대충 뜨는 법은 없다. 정확한 계량컵으로 일정한 양을 맞춰 붓는다. 그리고 기계의 다이얼을 4에 맞춘다. 남편은 굽는 시간을 따로 재지 않는다. 그럴 필요가 없다. 시간이 되면 기계가 알아서 음악을 울려주고, 심지어 데우는 타이밍까지 친절하게 알려준다. 하지만 그는 여전히 마지막 순간까지 와플을 살핀다. 음악이 울리면 뚜껑을 열고, 노릇하게 익은 와플을 확인한 뒤 만족스러운 표정을 짓는다. 마치 그 순간을 위해 모든 준비를 다 한 사람처럼.

이제 기다려야 한다. 너무 서두르면 반죽이 덜 익고, 너무 오래 두면 딱딱해진다. 적당한 순간을 알아차리는 것이 중요하다. 인생도 그렇다. 너무 빨리 결정을 내리면 후회하고, 너무 늦으면 기회를 놓친다.

와플이 노릇하게 익어갈 즈음, 나는 장식을 준비한다. 사과를 얇게 썰어 부채 모양으로 펼치고, 딸기는 꼭지를 떼어 반으로 가른다. 막 구운 와플을 접시에 올리고, 그 위에 과일을 예쁘게 얹는다. 마지막으로 메이플 시럽을 가늘게 흘려 달콤한 마무리를 더한다. 커피 추출기에서 갓 내린 커피 한 잔, 우유 한 잔을 곁들이면 완벽한 아침이 차려진다.

우리 부부의 역할은 명확하다. 남편은 '굽기' 전문가, 나는 '꾸미기' 담당. 그는 와플을 '굽는' 것이 아니라 '만드는' 일이라 생각한다. 정확한 계량컵으로 반죽을 붓고, 기계를 설정한 뒤 음악이 울릴 때까지 기다린다. 사실 반죽을 만들고, 장식하고, 설거지까지 마무리하는 건 내 몫이지만, 그래도 이 나이가 되니 그의 뿌듯한 얼굴이 조금은 귀엽고, 조금은 대견하게 느껴진다. 어쩌면 우리는 서로가 맡은 역할을 기꺼이 인정하며 살아온 것이 아닐까. 문득 생각해 보니, 우리의 삶도 이와 다르지 않았다.

결혼 생활도 그렇다. 때로는 모든 것을 한데 섞어야 하고, 때로는 뜨거운 순간을 견뎌야 한다. 어떤 날은 너무 바싹하게 구워져 부담스러울 때도 있고, 어떤 날은 장식이 어딘지 모르게 과하게 느껴질 때도 있다. 하지만 결국 우리는 함께 최선을 다해 '맛있는 한 조각'을 만들어 왔다. 모양이 삐뚤어져도, 때로는 살짝 눌어붙어도, 한입 베어 물면 그 안에는 따뜻한 정성이 배어 있다.

물론, 와플 기계가 말썽을 부리는 날도 있다. 예열이 덜 되었거나, 반죽이 너무 되직하면 결과가 기대에 미치지 못한다. 인생도 그렇다. 아무리 철저히 준비해도 뜻대로 되지 않을 때가 있다. 하지만 그렇다고 아침을 포기할 수는 없다. 우리는 방법을 찾는다. 반죽의 농도를 조절하고, 굽는 시간을 달리하며 다시 도전한다.

와플도, 인생도 완벽할 필요는 없다. 적당히 바삭하고, 속은 부드러우며, 무엇보다 사랑과 웃음이 곁들여지면 그걸로 충분하다.

우리는 오늘도 와플을 굽는다. 서로의 손길이 담긴 따뜻한 한 조각을 나누며, 또 하루를 시작한다. 창문을 살짝 열자, 구수한 와플 향이 집 안 곳곳에 가득 퍼진다. 오늘 하루, 우리 집의 향기는 와플의 따뜻함으로 채워진다.

단단한 것들은 조용히 빛난다

늦은 오후, 창밖을 보며 차 한 잔을 우려낸다. 부드러운 햇살이 거실 바닥을 스치고, 창문 너머 바람에 흔들리는 나뭇잎이 보인다. 테이블 위 스마트폰이 진동했다가 멈춘다.

"오늘 뉴스 봤어요?"

운동 친구가 보낸 메시지다. TV를 켜자, 속보가 지나간다. 트럼프와 푸틴이 우크라이나를 배제한 채 평화 회담을 진행한다. 강대국들은 언제나 자기들끼리 세상을 움직인다. 전쟁 원조의 대가로 우크라이나의 광물자원 50%를 요구했다는 기사를 보며 씁쓸한 마음이 든다. 희토류, 리튬, 니켈 같은 자원들이 결국 또 다른 전쟁의 이유가 되는 것 아닐까.

그곳에도 나처럼 가족을 사랑하고, 평범한 하루를 소중히 여기는 사람들이 많을 텐데. 그들에게 이 협상은 어떤 의미일까? 그들도 사랑하는 사람들과 조용한 저녁을 보내고 싶을 것이다.

찻잔을 들어 한 모금 마셨다. 목을 타고 따뜻한 차가 내려가는 동안, 오늘 있었던 일들이 떠올랐다.

두 달에 한 번씩 만나는 동서들과의 모임이 있었다. 늘 그렇듯 집에서 해 먹기 어려운 메뉴를 골라 서로를 대접하는 기분으로 식탁에 앉았다. 새해 첫 모임이라 돔과 해삼, 낙지를 주문했다. 싱싱한 해산물을 앞에 두고 한참 이야기를 나누었다. 누구는 손주를 돌보느라 바쁘고, 누구는 허리가 불편하다고 했다. 나는 어깨가 뻐근했지만, 굳이 말하지 않았다. 따뜻한 국물을 떠먹으며 서로의 이야기에 귀 기울이는 것으로 충분했다. 배가 부르니 마음도 편안해지고, 한바탕 웃고 나니 몸도 가벼워졌다.

"사람은 혼자 살 수 없어요."

아리스토텔레스의 말이 떠올랐다. 세상이 아무리 어지러워도, 우리는 결국 누군가에게 기대고, 사랑하며 살아간다.

집으로 돌아와 TV를 켜니 우크라이나 전쟁을 다룬 다큐멘터리가 나온다. 폐허가 된 도시, 울부짖는 사람들, 무너진 건물 아래 놓인 작은 손. 뉴스에서 보던 숫자들이 얼굴이 되고, 삶이 된다. 한순간에 무너진 그들의 일상. 아리스토텔레스는 말했다.

"전쟁은 평화를 위한 수단일 때만 정당하다."

하지만 저 참혹한 장면들 속에서, 이 전쟁이 정말 평화를 위한 것인지 묻지 않을 수 없다. 전쟁은 지도자들의 책상 위에서 결정되지만, 그 고통은 결국 평범한 사람들의 몫이 된다.

휴대전화를 확인하는데, 또 다른 뉴스가 눈에 들어왔다. 일본이 독도의 날을 맞아 행사를 열었다는 것이었다. 우리 정부는 일본 대사를 불러 항의했지만, 그것으로 충분할까? 독도는 내게 단순한 섬이 아니다. 어릴 적 아버지가 들려주시던 이야기 속에서, 독도는 늘 바람이 세차고 물살이 거친 곳이었다.

"그 거친 바다를 건너 우리 어부들이 가서 고기를 잡았단다."

나는 그 말이 자랑스러웠다. 일본이 독도를 바라보는 시선 속에도, 어쩌면 이익 계산이 깔려 있을 것이다. 아리스토텔레스라면 이렇게 말했을까?

"정치란 공동체 전체의 선을 위한 것이어야 한다."

하지만 지금 우리가 목격하는 일들은 누구를 위한 것인가? 우리는 이 모든 것을 그저 바라볼 수밖에 없는 걸까.

전쟁이 멈추고 가장 먼저 시장에 나온 사람들은 어머니들이었다. 빵을 굽고, 천을 짜고, 작은 가게를 열어 다시 삶을 꾸려갔다고 한다. 왜냐하면, 평화란 누군가 만들어 주는 것이 아니라, 우리가 지켜내야 하는 것이기 때문이라고. 나는 전쟁을 막을 힘도, 세상을 바꿀 권력도 없지만, 하루하루를 정성껏 살아가며 내 곁의 사람들을 지키는 것, 그것이 어쩌면 내가 할 수 있는 작은 평화의 실천일지도 모른다.

밤이 깊어진다. 창밖을 바라보니 가로등 불빛이 조용한 골목길을 비춘다. 멀리서 개 짖는 소리가 들리다가 이내 고요해진다.

뉴스 속 세상은 여전히 어지럽지만, 나는 여전히 내일을 기다린다. 내일도 동네 마트에서 이웃과 인사를 나누고, 손주가 오면 따뜻한 밥을 차려주고, 친구들과 안부 전화를 하며 서로를 챙길 것이다. 평화란, 어쩌면 이런 것이 아닐까. 거창한 말이나 거대한 힘이 아니라, 우리가 지켜가는 일상의 작은 순간들. 우리는 서로의 온기로 살아가는 존재이기에, 내일도 그렇게 조용히, 그리고 다정하게 하루를 살아가기로 한다.

"단단한 것들은 조용히 빛난다."

그렇게 믿으며 오늘을 마무리한다.

작은 인연

일요일 아침, 성당으로 향하는 길. 휴대전화가 울렸다. 문인 선배님이 보내온 사진 속에는 따스한 봄 햇살과 활짝 핀 꽃들이 가득했다. 생명력 넘치는 풍경을 바라보는 순간, 오래된 기억이 떠올랐다.

우리 동네 월성성당 앞에는 매주 일요일이면 작은 번개시장이 열린다. 새벽부터 상인들이 자리를 잡고, 사람들은 북적이며 시장을 가득 메운다. 시장을 지나 성당으로 향할 때면, 문득 31년째 이어진 한 모임이 떠오르곤 한다.

큰아이가 중학생이던 시절, 교장선생님의 권유로 10명의 학부모가 한자리에 모였다. 처음엔 서로 서먹했지만, 결국 한 어머니와 함께 총무와 회장을 맡으며 자연스럽게 대화가 이어졌다. 그렇게 시작된 작은 인연이 이어져 어느덧 30년이 넘는 시간을 함께하게 될 줄은 그때는 몰랐다.

시간이 흐르며 아이들은 각자의 길을 갔지만, 우리는 여전히 만난다. 기쁠 때나 힘들 때나, 서로의 삶에 스며들어 따뜻한 위로가 되어 주었다. 세월이 쌓이면서 모임 회비도 차곡차곡 쌓였다. 그러던 어느 날, 한 분의 조카가 운영하는 여행사에서 뜻밖의 소식을 전해왔다. 호주 시드니와 홍콩행 항공권이 반값으로 내려갔다는 것이다. 우리는 망설임 없이 9박 10일의 긴 여행을 떠나기로 했다.

브리즈번에서는 광활한 양 떼 농장에서 따뜻한 햇살을 맞으며 한가롭게 풀을 뜯는 양들과 눈을 맞췄다. 손을 뻗으면 닿을 듯한 곳에서 캥거루들이 뛰어다니고 있었다. 그리고 그 옆, 커다란 소들에게는 자외선을 차단하기 위해 버버리 모포가 덮여 있었다. 마치 명품 외투를 걸친 듯한 모습에 웃음이 났지만, 그만큼 햇볕이 강하다는 뜻이기도 했다. 그 장면을 보며 공기가 얼마나 맑고 깨끗한지 새삼 실감할 수 있었다.

시드니에서는 그림처럼 펼쳐진 항구를 따라 걸으며 오페라하우스 앞에서 기념사진을 남겼다. 하버 브리지 위를 걷는 사람들을 바라보며, 용기가 있다면 한 번쯤 도전해 보고 싶다는 생각도 들었다.

달링하버에서는 저녁노을이 물든 바다를 바라보며 바닷바람을 맞았다. 반짝이는 야경을 배경으로 거리 공연을 즐기던 순간이 지금도 생생하다. 유명한 본다이 비치에서는 하얀 파도를 가르며 서핑을 즐기는 사람들을 보며, 물가를 따라 발을 담그고 거닐던 기억이 떠오른다.

그리고 그 여정의 끝에서, 우리는 세인트 메리 대성당에 들렀다. 그곳에서 만난 한 수사님과 나눈 대화는 지금도 선명하다. 서툰 영어였지만, 천천히 설명을 부탁하자 그는 차분한 목소리로 성당과 성서 이야기를 들려주었다.

책에서만 접했던 이야기들이 눈앞에서 펼쳐지며 마음 깊은 곳에 묘한 감동이 일었다. 순간, 설명할 수 없는 끌림이 밀려왔다. 나는 성당 전경이 담긴 엽서 두 장을 샀다. 그리고 묵주까지 손에 쥐었다. 그 작은 만남이 내 삶을 바꾸는 계기가 될 줄은 몰랐다.

여행의 마지막 날, 예상치 못한 일이 벌어졌다. 우리 항공권 중 세 장이 빠진 것이다. 결국 셋은 시드니에 남고, 나머지는 홍콩으로 떠났다. 당황스러웠지만, 그 덕분에 뜻밖의 경험을 하게 되었다. 현지인들만 아는 작은 시장을 거닐며 과일과 간식을 샀다. 그리고 우리는 파피용 촬영지였던 바닷가 언덕을 찾았다.

거기서 바라본 풍경은 그동안 보아왔던 어떤 바다와도 달랐다. 드넓게 펼쳐진 수평선, 부서지는 파도 소리, 그리고 끝없이 이어지는 하늘. 영화에서 보았던 감옥과 탈출의 이야기가 떠올랐지만, 막상 그곳에 서 보니 영화보다 더 깊은 감정을 불러일으켰다.

그곳에선 모든 것이 조용했다. 바람 소리만이 귓가를 스쳤다. 이곳에서 바다를 바라보던 파피용(나비를 뜻함)은 어떤 마음이었을까. 자유를 갈망하던 그의 발걸음이 남긴 길 위에서, 나는 문득 '자유란 무엇일까' 하는 생각을 했다.

아무것도 걸림 없이 펼쳐진 풍경 앞에서, 마음이 텅 비워지는 듯한 느낌. 세상의 모든 굴레에서 벗어난 듯한 순간. 그 순간만큼은 나도 파피용처럼 온전히 자유로웠다. 그렇게 우리는 낯선 도시의 바람과 함께, 뜻밖의 하루를 선물처럼 맞이했다.

여행을 마치고 돌아온 후, 남편에게 그 이야기를 전했다. 그러던 어느 날, 가까운 월성성당 앞에서 '교리반 모집'이라는 현수막이 눈에 들어왔다. 마음 한편이 두근거렸다. 반년을 기다려 교리를 배우고, 결국 세례를 받았다.

처음엔 낯설었지만, 신앙은 어느새 내 삶의 일부가 되었다. 그리고 ME(Marriage Encounter) 프로그램을 통해 남편과의 관계도 한층 더 깊어졌다. 서로를 더 이해하게 되었고, 남편은 이제 내 마음을 나보다 먼저 아는 사람이 되었다.

삶에서 가장 큰 행복은 거창한 것이 아니었다. 가족과 함께 나누는 따뜻한 식사, 손자와의 웃음소리, 딸과 아들의 다정한 목소리, 그리고 사위와 며느리까지 둘러앉아 함께하는 순간들. 모든 것이 내게 주어진 가장 큰 선물이었다.

문득, 선배님이 보내온 사진 속 봄빛이 다시 내 마음을 감싼다. 삶의 작은 인연이 모여, 어느새 나의 길이 되었다. 추사 김정희 선생은 '세한연후 지송백歲寒然後 知松栢'이라 했다. 추운 겨울이 지나야 소나무와 잣나무가 변함없음을 알게 되듯, 시간이 흐르고서야 우리는 진정한 인연의 소중함을 깨닫게 된다. 그리고 그렇게 이어진 따뜻한 관계들이, 지금 내 곁에 있는 이 봄처럼 소중하게 느껴진다.

시간을 건네받는다

 여행을 떠날 때면, 나는 늘 작은 소품 하나쯤을 챙겨온다. 앞치마나 머플러 같은 것들. 처음에는 단순한 취미였다. 예쁜 것을 모으는 즐거움, 여행의 기억을 남기는 방식이었다. 하지만 시간이 지나면서 깨달았다. 이 물건들은 단순한 기념품이 아니라, 시간을 머금고, 관계를 엮으며, 나와 가족의 이야기를 이어주는 매개체라는 것을.

 몇 년 전, 레지오 단원들과 함께 동유럽을 여행했다. 매주 성당에서 봉사를 하며 형편껏 적금을 부어 떠난 여행이었다. 인천공항을 출발해 프라하로 향하는 비행기 안에서, 우리는 소풍 가는 아이들처럼 들떠 있었다.

 독일 프랑크푸르트의 한 골목에서 핑크색 머플러를 발견했다. 따뜻한 색감과 부드러운 촉감이 마음에 들었지만, 가격이 꽤 나갔다. '이걸 꼭 사야 할까?' 망설였다. 평소라면 고민 없이 사겠지만, 이번 여행은 어렵게 준비한 만큼 신중해야 했다. 결국 발길을 돌렸다. 하지만 이상하게도 머플러 생각이 떠나지 않았다. 다른 물건들은 그 자리에서 잊혔는데, 그 머플러는 자꾸만 내 머릿속을 맴돌았다. 그날 저녁, 나는 가이드에게 부탁해 다시 그 가게로 향했다. 그렇게 어렵게 손에 넣은 머플러였기에, 더 특별하게 느껴졌다.

그런데 계산을 마친 순간, 뜻밖의 일이 벌어졌다. 가게 주인의 아기가 내 품으로 달려오더니, 작은 손으로 초콜릿을 내밀었다. 그리고 환한 미소와 함께 내 볼에 가볍게 뽀뽀를 해주었다.

그 순간, 나는 머플러보다 더 따뜻한 무언가를 손에 쥔 것 같았다. 단순한 물건이 아니라, 그날의 공기와 아이의 웃음, 낯선 나라에서 받은 작은 호의가 함께 스며든 듯했다. 그 후로도 머플러를 두를 때마다, 나는 그 골목의 풍경과 아이의 눈빛을 떠올리곤 한다.

분홍빛 머플러와 함께 오스트리아 잘츠부르크에서 산 수제 모자도 있다. 회색 바탕에 청색 뚜껑으로 된 단순한 디자인이었지만, 여행 내내 내 머리를 따뜻하게 감싸주었다. 그런데 빈의 한 미술관 앞에서 이 모자가 특별한 기억을 만들어주었다. 미술관을 나서는 길, 한 중년 부부가 다가오더니 남편이 조심스럽게 말을 붙였다.

"실례지만, 당신의 모자와 머플러, 어디서 사셨나요?"

순간 당황했다. 낯선 이들과의 대화가 익숙하지 않았고, 특히 외국에서 누군가가 말을 걸면 괜히 긴장부터 되었다. '어떻게 대답해야 하지?' 고민하는 사이, 부부는 미소를 지으며 기다리고 있었다.

나는 짧게 웃으며 가게의 위치를 설명했다. 그러자 부부는 고맙다며 정중하게 인사를 건넸다. 그제야 마음이 놓였다. 그리고 신기하게도, 그 후로 몇 번 더 우연히 마주쳤다. 길에서, 카페에서, 기차역에서. 짧은 인사를 나누고 헤어지는 순간들이 이어졌다. 돌아보면, 머플러와 모자가 만든 작은 인연이었다. 나는 낯선 만남을 어려워했지만, 여행은 때때로 그렇게 마음의 문을 열게 해준다.

여행에서 가져온 것 중에는 주방용품도 있다. 독일에서 산 생선 비린내를 없애주는 비누, 크기가 작지만 나사 조절만으로 오래 사용할 수 있는 고기 가위, 그리고 가족 모임 때 분위기를 돋우는 칵테일 용구 세트까지.

몇 년 전, 칵테일 자격증을 땄다. 덕분에 가족 모임에서 직접 칵테일을 만들어 주었지만, 한번은 아들이 이런 말을 한 적이 있다.

"엄마는 왜 이렇게 뭔가를 배우고 가져오는 걸 좋아해요? 그냥 편하게 즐기면 안 돼요?"

그 말에 순간 서운했다. 가족들과 더 즐겁게 시간을 보내고 싶었을 뿐이었는데. 하지만 곰곰이 생각해 보니, 아들의 말도 이

해가 됐다. 가족이 함께하는 시간은, 특별한 이벤트 없이 그냥 함께 있는 것만으로도 충분했을지도 모른다.

그 후로는 칵테일을 만들기보다 그냥 함께 앉아 이야기를 듣는 시간이 많아졌다. 그리고 어느 날, 아들이 말했다.

"엄마, 그런데 그때 만든 칵테일 맛있었어요. 다음에 또 만들어 주세요."

나는 웃으며 재료를 챙겼다. 모든 것은 균형이 필요하다는 걸, 가족을 통해 배우고 있었다. 이제는 가족과 함께 큰 화선지에 그림을 그리고, 이야기를 나누는 것이 자연스러워졌다. 단순한 상담이 아니라, 서로의 감정을 공유하는 시간이 된 것이다.

나는 여전히 여행을 떠날 때마다 새로운 소품을 하나씩 가져온다. 그 물건들은 단순한 기념품이 아니라 내 삶의 조각들이다. 분홍빛 머플러와 모자, 주방에서 소중히 간직하는 도구들, 그리고 가족과 함께 그리는 그림들까지. 모두 내가 지나온 시간과 연결되어 있다. 그 순간의 기억을 되살려 주고, 나와 가족을 더욱 가깝게 이어준다. 그것들을 바라보며 다시금 깨닫는다.

여행이란 단순히 새로운 곳을 방문하는 것이 아니라, 삶의 작은 조각들을 모아 하나의 아름다운 이야기로 만들어 가는 과정이다. 그리고 언젠가, 누군가에게서 우연히 같은 머플러를 발견하게 된다면, 나는 조용히 미소 짓게 될 것이다. 우리의 추억은 그렇게 시간 속에 스며들어, 또 하나의 기억이 되어갈 것이다.

| 식탁

TV에서 4인용 식탁을 주제로 한 프로그램을 볼 때면 자연스레 나만의 식탁을 떠올리게 된다. 사람들이 식탁에 둘러앉아 음식을 나누고, 유쾌하게 농담을 주고받으며, 때로는 깊은 이야기를 꺼내 놓는다. 단순히 밥을 먹는 장면이 아니라, 마음과 마음이 이어지는 순간이기에 더 정겹게 느껴진다.

방송에서 코미디언들이 각자의 연애담과 결혼 생활을 이야기하고 있었다. 한 코미디언이 웃으며 말했다.

"부부 생활이란 말이죠, 서로 마주 보고 싸우는 게 아니라, 나란히 앉아서 밥 먹는 거예요."

다른 출연자가 맞장구쳤다.

"맞아요, 식탁에 앉아 밥 먹다 보면 신기하게도 풀어지는 일이 많잖아요."

그 말을 듣는 순간, 문득 나의 식탁이 떠올랐다. 그리고 얼마

전 칠순을 맞아 남매들을 집으로 초대했던 날이 생각났다.

마지막으로 다 함께 모였던 때가 언제였는지 기억조차 흐릿했다. 그래서 이번만큼은 따뜻한 시간을 만들고 싶었다. 정성껏 요리를 준비하고, 거실에 꽃을 배치했다. 직접 배운 칵테일까지 곁들여 식탁 위에 올려놓았다. 조명이 은은하게 빛나는 4인용 식탁을 바라보며, 나는 문득 이런 생각을 했다. '이 식탁에서 오늘 어떤 이야기들이 오갈까?'

남매들은 오랜만에 만났지만, 변함없이 익숙했다.

"넌 아직도 그런 식으로 웃냐?"

"야, 네가 제일 많이 변했거든?"

어릴 적처럼 장난스러운 대화가 오갔다. 술잔이 오가며 이야기는 깊어졌다. 그때, 남동생이 내 남편을 바라보며 불쑥 물었다.

"자형은 우리 누나한테 어째서 그렇게 잘하세요?"

순간 모두가 그의 입을 주목했다. 남편은 조용히 웃으며 말했다.

"네 누나가 부족한 나를 만나서 너무너무 고생하다 보니, 지혜가 생겨 둥글둥글 변한 거지."

그 말에 한바탕 웃음이 터졌다. 작은 올케는 눈물을 닦으며 말했다.

"아주버님, 그 말이 왜 이렇게 찡하죠?"

그 웃음 속에는 지난 세월이 고스란히 녹아 있었다. 힘들었던 순간도, 속상했던 날들도 있었지만, 결국 우리를 이어준 것은 서로를 향한 애정이었다.

가족을 초대하기 전, 나는 사실 고민이 많았다. '오랜만에 만나면 어색하지 않을까?' '대화가 끊기면 어쩌지?' 하지만 정답은 생각보다 가까운 곳에 있었다.

"우리는 가족이다. 함께한 기억들이 있다."

그것이면 충분했다.

그날 밤, 식탁 위의 대화는 끝없이 이어졌다. 남동생은 맞선 보던 날, 기념사진을 찍으러 갔다가 아버지 덕분에 약혼식까지 하게 된 일을 꺼냈다.

"아버지가 '기념으로 한 장 남기자' 하셨는데, 나중에 보니까 그게 약혼식 사진이 됐더라고."

그 말을 들으며 우리는 한동안 말없이 잔을 기울였다. 이제는 하늘나라에 계신 아버지를 떠올리며, 문득 이런 생각이 들었다. 아버지가 계셨다면, 지금, 이 순간을 어떻게 바라보셨을까?

프랑스의 미식가 브리야사바랭Brillat-Savarin은 말했다.

"내게 무엇을 먹는지 말해 다오. 그러면 내가 어떤 사람인지 말해주겠다."

나는 이렇게 덧붙이고 싶다.

"누구와 함께 먹는지 말해 다오. 그러면 내가 어떤 삶을 살아왔는지 알 수 있다."

그날 밤, 식탁을 바라보며 생각했다. 이 식탁은 단순한 가구가 아니다. 함께 앉아 밥을 먹고, 추억을 나누고, 서로를 이어주는 마법 같은 공간이다. 어린 시절부터 우리 가족은 식탁에서 함께 울고 웃었다. 따뜻한 국 한 그릇, 밥 한 숟가락, 어머니의 손맛이 밴 반찬 한 접시가 우리의 관계를 이어주었다.

시간이 흘러 이제는 내가 식탁을 차리는 사람이 되었다. 앞으로도 이 식탁에는 새로운 얼굴들이 앉을 것이다. 새로운 손님, 새로운 이야기, 그리고 새로운 추억들이 차곡차곡 쌓이겠지.

어느 날, 더 커다란 식탁을 준비하고 있을지도 모른다. 지금보다 더 많은 의자가 놓인 식탁, 더 많은 사람들이 둘러앉아 웃고 이야기하는 자리. 자녀의 아이들이 배우자를 만나 함께 오고, 증손주들이 재잘거리며 돌아다니는 모습이 떠오른다. 그리고 나와 같은 고민을 하던 후배들을 초대해 따뜻한 밥 한 끼를 대접하며, 살아온 이야기를 들려주는 순간도 있을 것이다.

문득, 미래의 나를 떠올려 본다. 언젠가 머리가 백발이 되고, 자녀의 아이들이 어른이 되어 저마다의 삶을 살아갈 때, 나는 어떤 식탁을 차리고 있을까? 그때도 나는 여전히 정성껏 음식을 준비하고, 누군가를 위해 조명을 밝히고, 의자를 빼며 따뜻하게 맞이하고 있을까?

어느 날, 이 식탁에도 빈자리가 생길 것이다. 그리고 또 다른 날, 새로운 누군가가 그 자리를 채울 것이다. 하지만 변하지 않는 것이 하나 있다.

"식탁은 언제나 누군가를 향해 열려 있어야 한다."

오늘도 나는 식탁을 닦는다. 그리고 조용히 속삭인다.

"다음에는 누구를 초대할까?"

하늘이여, 울어다오

　며칠째 잠을 이루지 못하고 있다. 눈을 감으면 붉게 타오르는 산이 떠오르고, 매캐한 연기가 폐부 깊숙이 스며드는 듯한 착각이 든다. 잠시 눈을 돌려도 현실은 달라지지 않는다. 뉴스에서는 꺼지지 않는 불길과 재로 변해버린 산의 모습이 반복해서 흘러나오고, 그 뜨거운 잔상은 내 가슴속에서도 타들어 간다.

　내 고향, 의성. 내가 태어나고 자란 곳, 부모님이 계셨던 곳, 형제들과 함께 어린 시절을 보냈던 곳이다. 그 길을 따라가면 언제나 같은 자리에 있던 것들이 떠오른다. 매년 봄이면 푸르렀고, 여름이면 짙은 그늘을 드리웠고, 가을이면 붉은 단풍으로 물들었고, 겨울이면 고요히 눈을 품었던 숲. 변함없이 그 자리를 지키고 있던 나무들, 바람, 하늘.

　그리고 그 길 위에 고운사가 있었다. 천 년을 살아온 고찰. 돌계단을 하나씩 오르며 소원을 빌던 그곳. 마음을 씻고, 조용히 기도하며 위로받던 공간. 늘 그 자리에 있을 거라 믿었던 곳. 그러나 이제 그곳은 폐허가 되었다. 불길은 고운사의 전각을 집어삼켰고, 나무들도 함께 타버렸다. 천 년을 살아온 나무가 단 하루 만에 사라졌다. 그 앞에서 나는 무력하다.

스님들은 다행히 국보급 문화재를 미리 옮겨 두었다고 했다. 그러나 과연 그것이 전부일까. 문화재는 지켰을지 몰라도 그 나무와 숲과 하늘을 배경 삼아 이어졌던 우리의 기억과 이야기는 어디로 가야 할까. 천 년을 견디며 그 자리에 있었던 나무는 더 이상 우리 세대에는 볼 수 없는 존재가 되었다. 잃어버린 것이 단순한 형체만은 아니라는 사실이 가슴을 더 아프게 한다.

그리고 지금, 안동에도 연기가 가득하다. 아들이 있는 곳. 그곳은 불길이 닿지는 않았지만 매캐한 공기와 뿌연 연기가 도시를 뒤덮고 있다. 그 공기를 마시며 아들은 괜찮을까? 숨 쉬는 것조차 힘든 그곳에서 아들이 무사하기만을 바랄 뿐이다.

도시는 여전히 돌아가고, 사람들은 출근하고, 길 위에는 차들이 오가지만 그곳을 감싸고 있는 공기는 어딘가 무겁다. 불길이 보이지 않는다고, 재가 내리지 않는다고, 이곳이 안전하다고 할 수 있을까? 눈에 보이지 않는 상처는 더 오래도록 남는 법이다.

나는 지금 무엇을 잃어버린 것일까? 불타버린 풍경인가, 사라져 버린 기억인가? 아니면, 언젠가 다시 찾을 수 있을 거라는 믿음인가. 어쩌면, 우리는 이제껏 너무 많은 것들을 당연하게 여겨

왔는지도 모른다. 늘 거기에 있을 거라 믿었던 것들. 아침이면 해가 뜨고, 계절이 바뀌면 숲이 색을 달리하고, 언제든 다시 찾으면 그대로일 거라고 믿었던 장소들. 그러나 이제 나는 안다. 그 모든 것이 단 하루 만에 사라질 수도 있다는 것을. 너무나도 쉽게, 그리고 너무나도 허망하게.

그런데도 나는 묻는다. 이 땅은, 이 삶은, 아무리 아파도 다시 살아날 수 있을까?

나는 희망을 붙잡고 싶다. 비록 지금은 모든 것이 타버린 것 같아도, 불길 속에서도 살아남은 뿌리는 더욱 깊이 뻗을 것이고, 꺼져버린 자리에서도 새순은 다시 돋아날 것이다. 그렇기에 나는 믿는다.

언젠가, 어디선가 빗방울이 떨어질 것이다. 뜨거운 땅을 식히고, 검게 탄 나무 사이로 작은 새싹이 고개를 내밀 것이다. 연기가 걷히고, 다시 푸른 하늘이 보이면 우리는 알게 될 것이다.

이 땅은, 이 삶은, 아무리 아파도 다시 살아난다는 것을.

그러니, 우리 조금만 더 버티자. 슬픔 속에서도 희망을 놓지 말자. 희망은, 작은 빗방울처럼 조용히, 그러나 분명히 우리에게 올 것이다.

2부

내 편

아버지의 마지막 인생 수업

병실 문을 열었을 때, 아버지가 보였다. 희미한 미소를 띤 채 나를 부르시며 손짓하시던 그 순간이 아직도 마음 한구석에 선명히 남아 있다.

"현경 어미 왔나?"

아버지의 나지막한 목소리는 마치 나를 기다려 온 하루의 끝처럼 따뜻했다. 한 달 넘게 병원에 계시던 아버지는 몸도 마음도 많이 지쳐 있었다. 하지만 그날은 목욕하시고 깔끔한 모습으로 나를 맞아주셨다. 다가가 인사를 드리며 날씨며 가족 소식을 전하던 중, 아버지는 조용히 이렇게 말씀하셨다.

"빨리 아파서 가야 하는데, 이 몸이 나를 놔주질 않는다."

그 말을 들은 순간, 나는 한동안 아무 말도 할 수 없었다. 아버지는 덤덤하게 말씀하셨지만, 그 속엔 얼마나 깊은 체념과 무력함이 담겨 있었을까. 한편으로는 그런 말씀 속에서도 아버지가 놓지 않으신 삶에 대한 의연함을 느낄 수 있었다.

아버지와 함께했던 그 시간은 나에게 삶과 죽음의 의미를 깊이 들여다보게 했다. 병상에서 아버지는 가끔 기억 속 가장 행복했던 시골의 옛날이야기를 들려주셨다. 이야기 속의 아버지는 젊었고, 강했고, 자유로웠다. 그러나 그 추억을 되새기며 하셨던 한 마디는 언제나 같았다.

"삶이라는 게 결국 이렇게 끝이 나더라."

그 말은 단순히 삶의 덧없음을 말하는 것이 아니었다. 아버지는 자신의 마지막 순간을 담담히 받아들이고 계셨다. 몸은 쇠약해졌지만, 그 속에서도 아버지는 여전히 우리를 향해 미소를 짓고 손을 내미셨다. 삶의 진정한 태도를 보여주는 가르침이었다.

아버지는 늘 손자를 보고 싶어 하셨다.

"기운이는 언제 오나?"

이렇게 물으시던 그 목소리는 손자를 기다리는 마음이 얼마나 간절했는지를 보여주었다. 나는 그 기다림이 아버지께 작은 희망이 되어 드렸다는 것을 느꼈다. 손자를 만난 후라면 아버지는 안심하며 눈을 감으실 것 같았다.

며칠 전, 아버지는 병상에서 세례를 받으셨다. 수녀님과 우리가 머리맡에 둘러선 가운데, 아버지는 자신의 세례명인 사도 요한을 또렷이 받아들이셨다. 그 순간 아버지의 표정은 말로 설명할 수 없는 평온함으로 가득 차 있었다. 나는 그 평온이 아버지의 마지막 선물이자, 가족을 향한 사랑의 또 다른 모습이라는 것을 느꼈다.

아버지께서는 떠나셨지만, 그분이 남긴 마지막 선물은 우리 가족의 삶 속에서 여전히 빛나고 있다. 아버지가 남긴 것은 물건도, 유산도 아니었다. 그것은 그분이 온몸으로 보여 주신 사랑과 삶에 대한 태도였다.

내 아들은 아버지가 가장 사랑하셨던 손자다. 주말부부로 바쁜 와중에도 진급처럼 기쁜 일이 있을 때마다 아들은 가장 먼저 영천 호국원에 계신 아버지를 찾아간다. 그 모습을 볼 때마다 나는 깨닫는다. 사랑은 죽음으로 끝나지 않는다는 것을. 사랑은 시간과 세대를 넘어 흘러가며, 삶의 본질을 드러내는 가장 순수한 형태로 남는다는 것을. 아버지가 손자에게, 그리고 우리에게 남긴 것은 그런 사랑이었다.

아버지는 이제 고통도 기다림도 없는 평온 속에 계실 것이다. 어머님이 계신 그곳에서 다시 만나, 오래도록 행복하게 웃고 계시길 바란다. 아버지가 삶의 끝에서 우리에게 보여 주셨던 가르침은 이제 나의 삶 속에서 살아 숨 쉬고 있다.

흔들리는 마음

삶은 예상치 못한 순간에 우리를 멈춰 세운다. 그 사실을 너무도 극적으로 깨닫게 되었다.

오랜 시간 공들인 원고를 출판사에 전하기 위해 서둘러 길을 나섰다. 평소라면 피했을 선택, 급하게 돌린 핸들, 그리고 "쿵!" 시간이 멈추는 듯했다. 눈앞에 멈춰 선 차. 그리고 번쩍이는 엠블럼-벤츠. 가장 조심하려 했던, 가장 피하고 싶었던 일이 지금 내 눈앞에서 현실이 되어버렸다.

나는 그저 얼어붙었다. 차에서 내리는 상대 운전자를 보며 당황스러움과 부끄러움, 두려움이 뒤엉켰다. 무슨 말을 해야 할지 몰랐다. 그저 뺨을 타고 뜨거운 눈물이 흘러내렸다. 남편에게 전화를 걸었다. 그는 곧 도착했고, 상황을 둘러보더니 얼굴을 찌푸렸다.

"대체 왜 이렇게 운전한 거야?"

차갑고 단호한 목소리. 그 순간, 나는 더 작아졌다. 내가 무능하게 느껴졌다. 죄인이 된 것 같았다. 남편은 차분하게 사고를 수습하고, 상대방에게 사과하고, 보험사에 연락했다. 그 모든 과정이 마치 예정된 루틴처럼 진행되었다. 나는 그 옆에서 아무것도 하지 못한 채 서 있었다. 그가 내 남편이라는 사실도, 이 사고가 내 인생이라는 사실도, 모든 것이 낯설게만 느껴졌다.

그렇게 사고는 정리되었고, 나는 근무지로 돌아왔다. 그러나 가슴 한쪽이 답답하고 뻐근했다. 숨쉬기조차 버거웠다. 남편이 약국에서 물 청심환을 사 와 건넸다. 나는 말없이 삼켰다. 속이 편해지는 것이 아니라, 무언가 더 불편해지는 기분이었다.

점심을 마주 앉아 먹었다. 그러나 같은 테이블에 있는 것이 버거웠다. 우리는 같은 공간에 있지만, 너무도 멀게만 느껴졌다. 어색한 공기 속에서 씹고 삼키는 행위조차 낯설게 느껴졌다.

남편은 평소처럼 헬스장에 갔다. 나는 나머지 근무를 마쳤다. 그리고 저녁. 다시 마주 앉았지만, 여전히 불편했다. 마치 투명한 벽이 우리 사이에 놓여 있는 듯했다. 우리는 아무 말 없이 밥을 먹었다.

먼저 퇴근해 정류장에서 버스를 기다렸지만 아무리 기다려도 오지 않았다. 그제야 알았다. 노선이 개편되었다는 사실을. 오랫동안 버스를 타지 않았던 사이 세상은 조금씩 변해 있었다. 가까운 지하철역까지 터덜터덜 걸어갔다. 낯설고, 생경한 이 느낌.

나는 정말 이 길을 알고 있었나? 아니, 나는 정말 나 자신을 알고 있었나? 집으로 오는 길, 버스 정류장에서 새로운 노선 번호를 발견했다.

밤새 사고 순간이 떠올라 잠들 수 없었다. 그러나 이상하게도, 오늘 아침에 내 마음은 완전히 달라져 있었다. 사고는 여전히 그대로였다. 보험이 처리할 것이고, 나도 상대방도 다치지 않았다. 돈으로 해결할 수 있는 일이었다. 그런데 그때는 세상이 무너진 것처럼 느껴졌고 지금은 그저 지나간 일처럼 느껴진다. 나는 왜 이렇게 쉽게 변하는 걸까?

어제는 남편이 차갑고 낯설었다. 오늘은, 어쩌면 그는 그냥 현실적인 반응을 했을 뿐이라는 생각이 든다. 그때는 왜 그렇게까지 그가 멀게 느껴졌을까? 나는 변한 게 없고, 그도 변한 게 없는데, 단 하루 사이에 그를 다르게 느끼고 있다.

이 변화무쌍함이란 대체 무엇일까? 어제의 나는 어제가 아니고, 오늘의 나는 오늘이 아니다. 사건은 그대로인데, 내 감정은 파도처럼 밀려왔다가 사라지고, 다시 밀려왔다. 어제는 죄책감이 가득했고, 오늘은 그냥 덤덤하다. 어제는 모든 것이 낯설었고, 오늘은 다시 익숙해졌다.

나는 나를 가장 잘 아는 사람이라고 생각했다. 그러나 정작 내 마음은, 나조차 예측할 수 없다. 이 변화는 인간이란 존재의 본질일까? 아니면, 글을 쓰는 사람이기 때문에 이 변화를 더 예민하게 감지하는 것일까?

　마음은 결국 숙성되는 것일지도 모른다. 우리가 특별한 노력을 하지 않아도 시간 속에서 감정은 서서히 형태를 바꾸고, 다른 색으로 변해간다. 사고도 변하지 않았고, 남편도 변하지 않았고, 나는 여전히 같은 하루를 살아가고 있다. 그런데, 마음은 다르다.

　변하는 나를 바라본다. 그리고 그 변화 속에서, 새로운 길을 찾아간다. 보험료는 올라가겠지. 하지만, 그래도 괜찮다. 어차피, 내 마음도 또 바뀔 테니까.

시간의 결

 이른 아침, 이슬을 머금은 나뭇잎 위로 햇살이 천천히 번진다. 나무의 표면을 손끝으로 쓸어보면 거칠고 매끈한 결이 교차하며 느껴진다. 겹겹이 쌓인 나이테마다 지나온 계절이 스며 있다. 따뜻했던 해, 혹독했던 겨울, 잦은 비에 파이고 갈라진 흔적까지. 시간은 나무에 무늬를 새기듯, 우리에게도 결을 남긴다.
 그러나 그 무늬가 처음부터 고운 것은 아니다.
 어떤 감정은 시간이 지나면서 부드러워지고, 어떤 감정은 더욱 깊어진다. 때로는 서로를 어루만지지만, 때로는 거친 표면이 부딪쳐 흠집을 남긴다. 손을 맞잡았던 순간들이 지나고 나면, 손바닥에 남은 온기가 사라질까? 아니면 더욱 선명한 기억이 될까?
 사람과 사람 사이에도 틈이 생긴다. 같은 길을 걷던 연인 사이에 오해가 내려앉고, 부모와 자식의 관계는 어느새 거리감이 생긴다. 친구였던 이가 낯선 사람처럼 느껴지는 날이 온다. 처음엔 단단했던 마음이 어느새 닳아가고, 때로는 균열이 생기기도 한다.

강물에 떠밀려 내려온 돌들은 서로 부딪치며 깎여 나간다. 처음엔 날카롭고 거칠었던 모서리가 물살에 씻기며 조금씩 둥글어진다. 흠집이 사라지는 것이 아니다. 흠집마저도 조화가 되어 가는 것이다. 시간이 흐르면, 우리가 남긴 말들, 지나간 순간들이 서로를 다듬어 간다.

갈등은 우리를 갈라놓기도 하지만, 다시 연결하는 힘이 되기도 한다.

어긋났던 관계가 시간이 지나 다시 맞물릴 때가 있다. 오래 묵은 감정이 어느 순간 이해로 바뀔 때가 있다. 흔히 변화는 단절이라고 생각하지만, 단절을 거쳐야 비로소 이어지는 것들도 있다. 관계란 정교한 나뭇결과 같다. 매끈하기만 하면 어딘가 어색하고, 틈과 굴곡이 있어야 더 단단하다.

레오나르도 다빈치는 말했다.

"물은 장애물을 만나면 길을 바꿀 뿐, 멈추지 않는다."

갈등도, 상처도, 조화도 결국은 시간 속에서 흐르며 새로운 길을 만들어간다.

시간이 흐르면 모든 것이 부드러워질까, 아니면 더 선명해질까. 어떤 인연은 촘촘하고 섬세한 무늬를 남기고, 어떤 만남은 거칠지만 강한 흔적을 새긴다. 때로는 맞지 않는 결로 인해 멀어지기도 하지만, 시간이 지나 돌아보면 그조차도 하나의 무늬가 되어 있다. 강물에 떠내려간 돌이 언젠가 모래가 되어 강바닥에 쌓이듯, 모든 관계는 우리 안에 가라앉는다.

살면서 우리는 얼마나 많은 감정을 지나쳐 왔을까. 그리고 앞으로 또 어떤 결이 새겨질까. 시간이 흐르면 많은 것이 변하지만, 모든 것이 사라지는 것은 아니다. 언젠가 놓아버린 것들이, 스쳐 간 순간들이, 끝났다고 여겼던 감정들이 우리 안에 흔적으로 남아 있다.

노을이 지는 시간, 긴 그림자가 나무 사이로 늘어지고, 공기 속엔 하루의 온기가 희미하게 남아 있다. 손끝으로 나무의 표면을 다시 쓸어본다. 부드러운 결이 손끝을 따라 흐르고, 그 아래엔 거친 자국도 함께 새겨져 있다. 시간이 만든 흔적들, 상처가 지나간 자리, 다시 매끄러워진 면들.

그 무늬는 지워지지 않는다. 그것은 우리가 살아온 길이며, 앞으로 새겨갈 시간이다.

나눔의 가치

김재중 씨가 출연한 프로그램을 보았다. 동방신기의 구성원이었던 그가 배우이자 가수 겸 엔터테인먼트 회사 대표로 활동하고 있다는 건 알고 있었지만, 9남매의 막내인 줄로만 알았던 그가 세 살 때 입양되어 자랐다는 이야기는 처음 듣는 것이었다. 누나 여덟 명과 매형 여덟 명, 조카 13명이라는 그의 가족 이야기를 들으며, 자연스럽게 우리 가족을 떠올렸다.

나는 팔 남매의 맏며느리다. 우리 식구들이 모두 모이면 34명이 된다. 명절이면 식탁이 몇 개씩 이어져 놓이고, 방마다 아이들이 뛰어다니며 웃음소리가 끊이지 않았다. 손이 많이 가는 식구들이지만, 오히려 그런 북적임 덕분에 삶의 맛과 멋이 더 깊었던 것 같다.

대가족에서 살아간다는 건 단순히 사람이 많다는 것을 넘어, 함께 나누고 살아가는 법을 배우는 일이었다. 작은 다툼도 많았지만, 결국엔 아무렇지도 않게 넘기고 다시 어깨를 맞대는 것이 대가족의 방식이었다. 누군가 힘들어하면 자연스럽게 다른 가족이 손을 내밀었고, 그런 모습은 아이들의 눈에 그대로 비쳤다.

특히 봉사하는 삶은 우리 가족의 생활 속에 자연스럽게 스며든 모습이었다. 우리 아이들은 고등학교 때 누나와 함께 앞산 근처에 있는 지체장애인 복지관에서 책을 읽어주곤 했다. 아이들은 매주 그곳을 찾았다. 때로는 우체국에서 자원봉사를 하며 새벽 2시에 나가서 부지런히 일하고 돌아오기도 했다.

아이가 새벽녘에 집으로 돌아오면 나는 조용히 일어나 따뜻한 차를 내어주었다.

"고생했어."

짧은 한마디에 아이들은 피곤한 얼굴로도 환하게 웃었다. 그 순간들이 지금도 소중하다. 대가족 속에서 자라며 어른들과 함께 살아가는 삶은 아이들에게 자연스럽게 나눔의 가치를 가르쳐 주었다.

그 아이들이 이제는 각자의 가정을 이루어 엄마가 되고, 아빠가 되었다. 딸은 멀리 미국에서 자기 일을 해내며 아이들을 키우고 있고, 아들은 내년이면 초등학교 학부모가 된다. 시간이 참 빠르다. 돌아보면 아이들이 별다른 탈 없이 자라준 것이 그저 고맙고 사랑스럽다.

대가족이라는 울타리 안에서 아이들은 자연스럽게 어른이 되는 법을 배웠다. 동생을 챙기고, 때로는 손위 형제자매와 다투기도 하면서 책임감과 인내심을 키워갔다. 우리는 가르치지 않았다. 다만 삶 속에서 보여주었고, 아이들은 그 안에서 배웠다.

이제는 그들이 새로운 가정을 이루고, 부모의 역할을 해내는 모습을 볼 때마다 마음 한편이 든든하다. 각자의 자리에서 최선을 다하는 모습을 보며, 우리 가족이 남긴 흔적이 아이들의 삶에 작은 방향이 되어주었다는 생각이 든다.

언젠가 아이들이 고단한 하루를 마치고 집으로 돌아갈 때, 그들의 곁에 따뜻한 차 한 잔 같은 존재로 남아 있기를 바란다. 바람처럼 스며든 대가족의 삶이 그들을 감싸안아 주기를. 삶의 향기는 그렇게 조용히, 그러나 깊이 남아 우리의 아이들에게 전해진다. 오늘도, 바람처럼 다정하게 지나간 그 시간을 추억하며 미소 짓는다.

내 편

어린 시절 가장 크게 느껴진 것은 아버지의 힘이었다. 아버지는 언제나 내 삶에서 든든한 기둥 같았다. 그 어떤 어려움이 다가와도 아버지는 전혀 흔들림 없이 내 곁에서 나를 지켜보았다. 아버지의 존재는 그 자체로 활력의 원천이었다. 목소리와 발걸음, 모든 행동이 나에게 에너지를 주었고, 그 에너지 덕분에 하루하루 살아갈 힘을 얻었다.

어린 나는 작고 여렸기에, 학교에 가는 것조차 큰 도전처럼 느껴졌다. 하지만 아버지는 그런 내게 매일 힘을 실어주셨다. 비가 오거나 바람이 불면 걱정이 되어 울었지만, 아버지는 언제나 내 손을 잡고 함께 가주셨다. 그 어떤 날씨에도 아버지와 함께라면 두려움은 사라지고, 무한한 용기와 힘이 생겼다.

어느 날 국사 선생님에게 매를 맞고 집에 돌아갔을 때, 아버지는 손바닥이 부어 아파하는 나의 고통을 함께 느끼며 이렇게 말했다.

"내가 네 편이 되어줄게."

그 한마디는 내게 세상의 모든 힘이 되어주었다. 아버지는 그 순간, 단순히 나의 부모님이 아니라 가장 강력한 보호자이자 든든한 지지자로 자리 잡았다. 아버지의 든든한 존재감 덕분에 나는 그 어떤 고난도 이겨낼 수 있을 것 같은 자신감을 얻었다.

아버지는 강하고 활력 넘치는 사람이었다. 매일 아침 일찍 출근하시면서도 아무리 힘든 일이 있어도 절대 지치지 않고 항상 긍정적인 태도로 생활하셨다. 그 모습을 보며 나는 '아버지처럼 강하고 활기차게 살아야지.' 다짐했다. 아버지가 내게 보여준 끊임없는 도전과 활력은 나에게 삶의 방향을 제시해 주었고 내가 어떠한 상황에서도 좌절하지 않고 힘을 내게 했다.

그리고 그 힘은 내 삶의 모든 순간에 스며들었다. 시간이 지나고 나서도, 나는 아버지의 삶의 방식, 그 강한 에너지와 긍정적인 태도를 기억하며 살았다. 아버지는 단순히 '힘든 일이 있어도 이겨내라'는 말을 하는 대신 그 자체로 그런 모습을 보여주셨다. 나는 아버지를 보며 '이 세상에서 나를 믿어주는 사람은 아버지뿐'이라고 확신했다.

나의 삶에서 가장 큰 힘은 아버지가 주신 그 믿음과 활력이었다. 비록 세상은 힘든 일로 가득 차 있지만, 아버지의 사랑과 그 강한 기운 덕분에 모든 고난을 이겨낼 수 있었다. 아버지는 내게 그런 존재였고, 내가 넘어질 때마다 다시 일어설 수 있도록 도와주셨다. 그 사랑과 힘은 시간이 지나도 여전히 나를 지탱해 주고 있다.

지금도 나는 아버지가 주신 그 활력을 잊지 않는다. 아버지의 힘이 있었기에 희망을 품을 수 있었고, 앞으로도 그 힘을 이어가며 살아갈 것이다. 아버지에게서 받은 모든 것은 언제나 내 안에서 불꽃처럼 타오르고 있다. 그 불꽃을 따라 내 길을 걸어가며, 아버지처럼 강하고, 활기차게 살아갈 것이다.

사랑은 떠나지 않는다

어머님이 병원에 입원하신 지 열흘, 우리는 속절없이 하늘나라로 보내드리고 말았다. 자주 편찮으셨던 분이라 이번에도 퇴원하셔서 다시 함께할 수 있으리라 믿었는데, 입원 다섯째 날부터 상태가 악화하여 손을 써도 아무런 효과가 없었다. 남편은 어머님 곁을 한시도 떠나지 않았고, 나는 출퇴근길마다 병원에 들러 차도를 살폈다. 하지만 어떤 대책도 세울 수 없는 현실이 그저 안타까울 뿐이었다.

어머님의 몸은 점점 쇠약해져 폐렴, 기관지염, 십이지장 궤양까지 겹쳐 도저히 지켜보기가 힘들었다. 그래도 중환자실로 가시기 전날, 남편과 내가 병실에서 어머님과 하룻밤을 함께 보냈다. 어머님은 이제 대소변도 스스로 해결하지 못하셨지만, 우리가 곁에서 도와드렸다. 평소 깔끔하시던 분이 편안하게 볼일을 보시는 모습을 보고, 나는 밤새워 기도했다. 다시 한번 일어나 집으로 돌아가시기를. 그 좋아하시던 집을 두고 병원 밖으로 나가지 못하는 어머님이 안타까웠다. 어머님은 그날 밤, 우리에게 말씀하셨다.

"너희들 두고 죽기 싫다. 고맙다… 고맙다…."

그 말씀이 오히려 죄스럽게 느껴져 나는 고개를 숙였다.

20년이 훌쩍 넘는 세월을 함께 살아온 어머님. 시골에서 고추 농사, 담배 농사, 참깨 농사를 지으며 팔 남매를 키워내던 어머님의 손은 거칠고 단단했지만, 언제나 따뜻했다. 힘든 일은 늘 혼자서 해내셨고, 자식들을 위해 한없이 강인하셨던 어머님이었다. 그 시절, 어머님의 뒤를 따라다니며 참깨를 함께 털던 기억이 어제처럼 선명하다.

다음 날 어머님은 중환자실로 옮겨지셨다. 24시간 간병인을 두고, 팔 남매 형제들이 돌아가며 어머님 곁을 지켰다. 막내 삼촌은 직장도 나가지 않고 어머님 옆에서 밤을 새우며 지켰고, 남편은 형제들을 불러 병원 옆 식당에서 전체 회의를 열었다. 모두가 어머님께 정성을 다하는 모습에 흐뭇함을 느꼈다.

하지만, 결국 열흘 만에 어머님은 하늘나라로 떠나셨다. 그날 아침, 어머님이 보고 싶다고 하셔서 출근길에 잠시 들러 손을 잡았다. 어머님은 한 손을 올려 내 두 손을 잡고 기도하셨다. 그러고는 말씀하셨다.

"얼른 가서 일 봐라. 저녁까지 기다릴게."

하지만 그날 오후, 남편에게서 울먹이는 목소리로 전화가 걸려 왔다.

"엄마가 돌아가셨어."

눈물을 흘리며 병원에 도착했을 때, 어머님은 평화로운 모습으로 누워 계셨다. 손을 잡아보니 아직도 온기가 남아 있었다. 우리는 어머님을 대구의료원 국화원으로 모셨고, 영안실에서 서로 부둥켜안고 한없이 울었다.

삶이 이렇게 끝나버리다니, 어머님의 빈자리는 너무 크고 깊었다. 어머님 살아생전에 우리가 하나하나 성장할 때마다 가슴 태우시던 모습, 어렵게 농사를 지어 자식들을 학교에 보내시던 모습이 떠올랐다. 몇 년 전 내가 허리 수술을 했을 때, 어머님이 내 옆에서 한 달 동안이나 머물며 함께 잠을 자고, 국수를 밀어 저녁마다 끓여주시던 기억이 밀려왔다. 애호박을 송송 썰어 멸치 육수에 넣고, 부추를 듬뿍 넣어 국수를 만드시던 어머님의 손길이 그리웠다.

아기 송이를 따서 실에 꿰어 말리시던 어머님, 감기 걸린 손주들에게 송이 달인 물을 먹여 재우시던 모습이 아른거린다. 아이들이 건강하게 웃으며 깨어날 때마다 어머님의 눈빛에는 자그마한 안도와 사랑이 스며 있었다.

장례식장은 형제가 많아 특실을 빌렸다. 새 건물이라 시설이 깨끗했고, 아이들과 조카들이 질서정연하게 움직이는 모습이 자랑스러웠다. 특히 막내 동서네 아이들까지 조용히 움직이는 모습이 너무나 귀엽고 사랑스러웠다.

조문객들이 오후부터 자정까지 끊이지 않았다. 주차장까지 가득 찬 문상객들을 보며, 정말 감사한 마음이 들었다. 우리가 이렇게 많은 사람들에게 사랑받고 있다는 것이, 맏며느리로서 자랑스럽게 느껴졌다. 그 덕에 우리는 서로를 더 아끼고 사랑하게 되었다.

장례식과 삼우제를 마치고 집으로 돌아와 조상님께 제사를 올렸다. 저녁에는 아버님이 삼겹살이 드시고 싶다고 하셔서, 6킬로그램을 준비했다. 하지만 1시간 만에 동이 나 둘째 동서가 다시 사 와도 모자랐다. 그렇게 온 가족이 어머님을 추억하며 저녁을 함께했다.

삶이란 언젠가 끝이 난다. 그러나 그 끝은 사라짐이 아니다. 사랑과 기억 속에서 계속된다. 어머님의 손길과 목소리, 따뜻한 밥상은 시간이 흘러도 우리 안에 살아 있다. 어머님의 희생과 사랑은 우리 가족의 마음속에 뿌리내려, 우리 또한 누군가에게 그런 사람이 될 수 있기를 바라게 되었다. 결국 삶은 떠나보낸 이를 가슴에 새기며, 우리 또한 더 깊고 넓게 살아가는 길을 배우는 여정인지도 모른다.

아름다운 흔적

아침 뉴스에서는 미국이 캐나다, 멕시코, 중국에 높은 관세를 부과한다는 소식이 흘러나왔다. 우리나라도 예외가 아닐 거라는 우려 섞인 보도가 이어졌다. 경기 침체와 여러 어려움 속에서도 우리는 최선을 다해 매장을 운영했고, 지난해 대비 90%의 매출을 달성했다. 수고한 나를 위해, 그리고 소중한 가족과의 시간을 위해 남편이 깜짝 선물을 준비했다. 친정 남매들과 함께 떠나는 경주 여행.

칠곡에 사는 남동생 내외가 우리 집으로 와 함께 출발했고, 경산에 사는 동생 내외는 성산휴게소에서 만나기로 했다. 어머니께서 돌아가시기 전 남편에게 남매 모임을 이어가라고 당부하셨다. 그 말씀을 잘 지켜가고 있다는 생각에 마음이 뿌듯해졌다.

여행은 언제나 설렘을 안겨준다. 감포 회 센터에서 점심을 먹기로 했다. 겨울이 제철인 자연산 가자미회에 소라, 해삼, 멍게까지 한 상 가득 차려졌다. 신선한 바다 내음 속에서 우리는 오랜만에 마주 앉아 이야기꽃을 피웠다. 음식의 맛도 일품이었지만, 남매가 함께하는 정겨운 분위기가 더 큰 양념이 되었다.

점심을 마친 후, 주상절리를 보기 위해 해안선을 따라 이동했다. 겨울답지 않게 포근한 날씨가 우리를 반겼다. 눈앞에 펼쳐진 파란 바다와 층층이 깎아 쌓은 듯한 주상절리의 웅장한 모습에 절로 감탄이 나왔다. 그중에서도 기도하는 듯한 거대한 바위 위에 홀로 버티고 선 한 그루 소나무가 우리의 시선을 사로잡았다. 자연의 신비로움을 온몸으로 느끼는 순간이었다.

다음 코스는 카페. 큰동생이 예쁜 카페에서 커피를 사겠다고 앞서갔다. 잠시 후, 두 올케가 나란히 아보카도 라테와 크림치즈 와플을 들고나왔다. 달콤한 디저트를 앞에 두고 지난 이야기를 나누는 동안, 앞으로의 여행 계획도 일사천리로 정해졌다. 남매의 얼굴에는 어느새 행복이 번지고 있었다.

그 기운을 이어, 오래전 함께 찾았던 골굴사로 향했다. 절벽 위 자연석에 새겨진 부처님 얼굴이 여전히 그 자리에 있었다. 난간을 따라 오르며 아찔한 순간을 맞이했지만, 경이로운 풍경에 모두 탄성을 내질렀다. 깊은 산사에서 고요함을 느끼는 시간, 그 순간만큼은 모두가 한마음이었다.

어느덧 저녁, 경주 황리단길로 향해 맛집을 검색했다. 고즈넉

한 밤 풍경 속에서 고도의 위엄이 느껴졌다. 우리가 도착한 곳은 오리 쌈밥집. 반찬이 푸짐하게 차려진 상을 보며 문득 떠오른 생각-며칠 남은 내 생일을 오늘 앞당겨 축하하면 어떨까? 따뜻한 밥 한 끼에, 사랑하는 가족들과 함께하는 시간이 곧 축복이었다.

한 잔씩 기울인 경주 찹쌀막걸리는 부드럽고 깊은 맛을 자아냈다. 주위를 둘러보니 독일에서 온 관광객들이 눈에 띄었다. 저마다 다른 곳에서 왔지만, 같은 공간에서 같은 순간을 공유하고 있다는 사실이 신기했다.

이렇게 우리는 하루를 온전히 함께 보냈다. 서로의 삶을 응원하며, 어머니의 말씀처럼 정을 쌓아가는 시간. 여행이 끝나면 다시 각자의 자리로 돌아가겠지만, 오늘의 추억은 우리 마음속에서 오래도록 따뜻한 빛을 발할 것이다.

주상절리의 단단한 바위가 층층이 쌓여 하나의 웅장한 풍경을 이루듯, 우리의 삶도 그렇게 켜켜이 쌓여간다. 때로는 거센 파도에 깎이고, 때로는 따스한 햇살 아래 단단해지며, 우리도 그렇게 모양을 갖춰간다. 혼자 서 있는 소나무처럼 홀로 서야 할 순간도 있지만, 서로를 버팀목 삼아 살아가는 것이 결국 인생 아닐까.

길 위에서 우리는 깨닫는다. 삶은 함께 걸어가는 과정이며, 사랑하는 이들과 나누는 순간이 곧 우리가 남기는 가장 아름다운 흔적임을.

시간은 흐르고, 가족은 자란다

햇살이 부드럽게 내려앉은 어느 날, 우리는 사진 한 장 속에 멈춰 서 있다. 대구 달성공원의 푸른 나무들 아래, 밝은 옷을 입은 딸과 아들이 나란히 섰다. 누나는 동생의 어깨에 살포시 손을 올렸고, 동생은 누나를 바라보며 환하게 웃고 있다. 삼촌들과 함께 떠난 나들이, 그리고 카메라 앞에 선 우리. 오래전 그날의 달성공원에는 동물들이 가득했지만, 이제는 무료 개방된 공원 속에 오래되고 텅 빈 코끼리 우리가 허전하게 남아 있다.

시간은 흐른다. 공원의 모습은 변했지만, 그날의 따스한 빛과 아이들의 웃음소리는 여전히 내 마음속에 선명하다. 시간은 멈추지 않지만, 사랑은 흐름 속에서도 그 자리를 지킨다. 우리는 매 순간을 살아가지만, 그 순간들이 모여 결국 '가족'이라는 강이 된다. 함께 흘러가며 부딪히고, 다시 포근히 안기는 물결처럼 말이다.

얼마 전, 며느리가 사진 한 장을 보내왔다. 태극기가 걸린 긴 계단을 아들과 손자가 나란히 오르고 있었다. 보폭도, 걸음걸이도 똑같았다. 낯설지 않은 장면이었다. 오래전 남편이 어린 아들의 손을 잡고 걷던 모습과 똑 닮아 있었다.

시간은 흐르지만, 사랑과 삶은 그렇게 이어지는 것이 아닐까. 세대를 넘어 같은 걸음을 걷는 모습에 가슴이 뭉클해졌다. 손을 맞잡는다는 것은 단순한 몸짓이 아니다. 그것은 '함께'라는 약속이며, '언제든 네 곁에 있다'라는 침묵 속의 다짐이다. 아이들의 손을 잡던 부모의 손이 어느새 자식들에게 의지하는 손이 되어도, 그 온기는 변하지 않는다.

8년 전, 미국에 사는 딸이 한국을 방문했을 때 온 가족이 제주도 사려니숲으로 여행을 떠났다. 전문가를 섭외해 500장의 사진을 남겼고, 그중 한 장에는 우리가 손을 꼭 잡고 활짝 웃는 모습이 담겨 있었다. 흰 셔츠와 베이지색 바지를 맞춰 입은 가족들. 손자들은 사위의 품에, 딸의 곁에 안겨 있었다. 그때 며느리는 결혼한 지 채 1년도 되지 않았고, 뱃속에는 새로운 생명이 자라고 있었다.

사진 속 그 순간은 따뜻했다. 가족이라는 이름으로 연결된, 한없이 소중한 시간이었다. 사진은 시간을 붙잡는 것이 아니라, 사랑을 새기는 일이다. 필름에 담긴 것은 얼굴이지만, 그 속에 남는 것은 마음이다. 우리가 함께했던 모든 순간이, 결국은 기억의 빛으로 남아 삶을 비추는 등불이 된다.

그리고 올해 6월, 다시 딸 가족이 한국을 방문한다. 딸이 내게 물었다.

"엄마, 이번에 가장 하고 싶은 일이 뭐예요?"

나는 주저 없이 말했다.

"그때처럼 가족사진을 찍는 거야."

그 말을 듣고 가족들이 하나둘 아이디어를 내기 시작했다. 단톡방은 어느 때보다 활기차졌다. 어떤 장소에서 찍을지, 옷은 어떻게 맞출지, 이번에는 어떤 표정을 지을지 설레는 마음으로 우리는 다시 한 장의 사진을 준비하고 있다. 이번 가족사진은 더욱 특별하다. 그때 며느리의 품속에 있던 작은 생명은 이제 초등학교 1학년이 되었다. 미국의 손자는 중학생이 되었고, 작은손자도 초등학교 6학년이 되었다.

손안에 꼭 안겨 있던 아이들은 이제 자신의 길을 걷고 있다. 하지만 변하지 않는 것이 있다. 우리는 여전히 함께한다는 것. 가족이란 같은 길을 걷는 사람들이 아니다. 각자의 길을 걸으면서도 서로를 바라보고, 같은 곳에서 다시 만나 웃을 수 있는 존재들이다. 우리가 함께 찍은 사진 한 장에는 그런 만남과 기다림, 그리고 변하지 않는 사랑이 담긴다.

그리고 우리 부부. 어느덧 칠십을 넘어, 올해는 오랜 시간 몸담아온 일에서 은퇴를 앞두고 있다. 쉼 없이 달려온 세월을 돌아보니 하루하루가 더욱 소중하다. 일에서는 물러나지만, 삶에서는 여전히 현역이다. 가족이라는 울타리 안에서, 우리는 함께 걸어가고 있다.

그리고 다시, 우리는 카메라 앞에 선다. 6월의 초록빛 속에서, 각자의 자리에서 조금 더 자라고 변한 모습으로. 하지만 그 순간을 남기려는 마음만큼은 30년 전이나 지금이나 같다. 깔깔거리며 손을 맞잡고, 생생한 웃음과 따뜻한 온기를 담아 또 한 장의 사진을 찍을 것이다.

시간은 흐르고, 가족은 자란다. 하지만 우리가 함께 만들어가는 이야기는, 여전히 계속된다.

삶의 깊이

결혼 후 8년이 지나자 결혼 생활이 무의미하게 느껴졌다. 매일 반복되는 일상은 마치 의미 없는 바람처럼 흩날렸다. 공장에서 삶은 지루하고 따분했다. 결국 남편에게 결혼 때 가져간 비자금을 모두 내놓으며 귀금속 가게를 열게 해달라고 간청했다. 긴 시간 설득 끝에 겨우 허락을 받았고, 다섯째 시동생과 함께 보석 가게를 차렸다.

그때부터 내 삶은 새로운 빛을 맞이했다. 사람들에게 어울리는 귀금속을 추천하는 일이 즐거웠고, 고객들이 만족해하는 모습을 보며 나 자신을 다시 발견했다. 삶이 갑자기 다른 색으로 물들었다. 3년 후 우리는 봉제 사업을 접고 새로운 직업으로 전환했다.

그 무렵 작은아이는 유치원, 큰아이는 초등학교 2학년이었다. 서른둘의 나이에 귀금속 가게를 운영하던 시절을 떠올리면 웃음이 난다. 휴일이면 시동생들을 데리고 친정에 가곤 했는데, 어머니는 우리를 늘 따뜻하게 맞아주셨다. 시동생들은 내 남동생을 자형이라 부르고, 내 동생은 남편을 자형이라 불렀다. 부모님은 그런 모습조차 흐뭇하게 바라보셨다.

삶은 언제나 우리의 선택과 무관하게 흐른다. 때로는 내가 삶을 선택하는 것 같지만, 종종 삶이 나를 선택해 버린다. 고된 시간 속에서도 길은 존재하고, 때로는 그 길이 나를 먼저 찾아온다. 고통 속에서 피어난 성장은 삶이 우리에게 주는 가장 귀한 선물이다.

다섯째와 여섯째 시동생을 25일 차이로 결혼시키게 되었다. 맏며느리인 나는 결혼 준비의 모든 과정을 도맡았다. 시골에 계신 부모님은 마을 사람들과 함께 버스를 타고 오셨다. 대구에서 돼지를 잡고, 튀김을 하고, 떡과 무침회, 박카스까지 준비했다. 우리는 마치 하나의 큰 가족으로 움직였다.

결혼식이 끝난 후, 감기 몸살이 찾아왔다. 시간이 지나도 몸이 나아지지 않았다. 결국 양쪽 부모님이 번갈아 가며 나를 간호했다. 그러나 어느 휴일, 갑작스러운 복통으로 쓰러져 병원에서 자궁내막증 수술을 받았다. 퇴원 전날 받은 건강검진 결과는 내 삶을 송두리째 뒤흔들었다.

'왼쪽 신장암 말기.'

그날의 절망감은 삶에 대한 모든 믿음을 흔들었다. 길 위를 하염없이 걷고 또 걸었다. 비는 조용히 내렸고, 나는 나 자신에게 끝없는 질문을 던졌다. 남편을 마주할 용기가 나지 않았다. 그러나 남편이 나를 찾아 나서는 모습을 보고 함께 집으로 돌아왔다. 우리는 밤새도록 울었다.

수술을 결정하고 친정어머니의 보살핌을 받으며 병원에 입원했다. 수술 전날 시부모님이 병문안을 오셨다. 그때 나는 감정을 터트렸다.

"이 모든 병이 아버님 때문입니다."

참아왔던 고통이 한순간에 터져 나왔다. 아버님은 내 앞에 무릎을 꿇고 말했다.

"살아만 다오. 이후엔 내가 다 갚겠다."

그의 목소리는 깊고 다정했다. 아버님은 나를 바라보며 한동안 말없이 손을 잡아주셨다. 그 순간, 그의 손에서 전해지는 온기는 말보다 더 깊이 나를 감쌌다. 나는 그 손을 꼭 잡고 눈물을 흘리며 마음속 응어리를 풀었다. 아버님의 존재는 내게 작은 등불처럼 느껴졌다.

수술 후, 말기 암 병동에서 투병 생활이 시작되었다. 매일 밤 들려오는 비둘기 울음소리는 마치 곡소리처럼 들렸다. 그 울음소리에서 벗어날 수 없었다. 비둘기는 내게 상처이자 두려움이었다.

그러나 고통은 인간을 깊게 만든다. 그것은 때로 불가해한 방식으로 삶을 변화시킨다. 고통이 깊어질수록 우리는 삶의 진정한 의미에 한 걸음 더 가까워진다.

 아버님은 시동생 내외를 동원해 8시간씩 번갈아 가며 나를 간병했다. 친정어머니는 동서들에게 "병원에서만 잘 돌봐주시면 퇴원 후에는 내가 건강한 모습을 보여드리겠다."라고 당부하셨다.

 남편은 매일 새벽 나를 업고 두류공원으로 가서 걷게 했다. 남편은 뛰고, 나는 걸었다. 3년을 그렇게 보냈다. 남편은 신문에서 건강 정보를 스크랩하고, 나를 살리는 일에 온 힘을 쏟았다. 아픈 몸으로도 나는 가게에 나가 세 시간씩 일했다.

 기적은 그렇게 오랜 기다림 끝에 찾아왔다. 혈소판, 백혈구, 적혈구, 혈장 수치가 서서히 상승했다. 우리는 감사하는 마음으로 요양원에 시계를 기부하고, 고장 난 것은 고쳐주기 시작했다. 나의 삶은 다시 조금씩 빛을 되찾았다. 요가와 스트레칭으로 몸을 단련했고, 매일 시간을 소중히 사용하며 일기를 썼다. 그 일기는 훗날 새로운 길을 열어 주었다.

 삶은 여전히 도전과 마주하지만, 고통이 남긴 흔적은 나를 더 깊고 단단하게 만들었다. 중요한 것은 포기하지 않는 마음과 고통을 딛고 피어나는 용기이다. 그리고 그 용기의 한가운데에는, 언제나 나를 따스하게 감싸주는 사랑이 있었다.

삶의 깊이를 걷는다는 것은, 고통의 흔적을 안고도 다시 일어서는 일이다. 그리고 그 길 위에는, 언제나 사랑하는 이들의 손길이 함께한다.

새해 소망

♥

　2025년 새해 아침, 출근길에 지하철 입구를 청소하시는 아주머니와 폐지를 끌고 가시는 할머니의 모습이 눈에 들어왔다. 차가운 겨울 공기 속에서도 그 모습은 오히려 평화롭고 단정하게 일상을 지키는 모습으로 다가왔다. 오늘도 수필 한 편을 완성하고 싶은 마음에 주변을 다시 살펴본다.

　겨울밤 공기는 엄마의 벌겋게 달아오른 시린 손 같다. 하지만 지하철 안은 어릴 적 엄마 품속처럼 포근하게 느껴진다. 그래서일까, 살며시 커튼을 열어본다. 수은등 아래로 하염없이 함박눈이 춤을 추며 내려온다. 저 눈 속엔 어떤 소식이 담겨 있을까? 혹시, 하늘나라로 가신 부모님 소식이라도 전해올까?

　어릴 적, 눈이 오는 날이면 온통 강아지처럼 뛰어놀며 눈싸움하곤 했다. 장갑도 끼지 않은 손이 시렸을 텐데도 느낄 수 없었다. 손이 불에 덴 것처럼 화끈거렸던 기억이 난다.

나는 남편을 불렀다.

"우리 같이 멸치 똥 좀 까주면 안 될까?"

남편은 씽긋 웃으며 말했다.

"그래, 내가 해주면 뭐 해줄 건데?"

"그럼 얼굴 마사지 서비스… 어때?"

"좋지! 그래, 지금 할까?"

철골 동양란에서 꽃향기가 은은하게 코를 감돈다. 꽃기린은 사계절 내내 피어나며 웃음을 짓는다. 줄기는 옹기종기 서로 얼굴을 먼저 내밀듯 아래로 뻗어 내린다. 친정아버지가 좋아하셨던 난을 닮은 화초는 향기는 없지만, 우리 남매에겐 아버지를 닮은 것처럼 보인다.

놀이 같은 생각이 떠올랐다. 멸치 상자를 가운데 놓고, 둘이 방석을 깔고 비닐봉지 두 개를 입 벌려놓은 채 마주 앉았다. 텔레비전에서는 남편이 연애 시절 불러주던 김정호의 〈하얀 나비〉가 흘러나온다.

"예전에 동생들이랑 둘러앉아 찹쌀떡 장수가 지나가면 사서 먹곤 했지."

남편의 말에 나는 웃으며 고개를 끄덕였다.

"겨울밤에 돼지 간이 먹고 싶다 해서 서문시장까지 가서 사줬었지. 그때도 막내 홍열이가 따라다녔잖아."

아들이 현관문을 열고 들어온다.

"엄마, 아빠 뭐 하세요?"

"멸치 똥 까잖아."

"저 마트 가는데 뭐 시켜요?"

"그래, 좋지."

아들은 장난스럽게 웃으며 나갔다. 잠시 후, 아들은 상자를 가득 안고 돌아왔다. 그중에는 반가운 것이 있었다. 바로 캔맥주 세트였다. 멸치 안주로 셋이서 맥주를 마시며 겨울밤의 평화로움이 집 안 가득 퍼졌다. 아들이 어릴 적 이야기를 꺼냈다.

"시골 할아버지 댁에 가면 할머니는 산수유를 입으로 까서 팔곤 하셨어요. 그때는 산수유가 돈이 되는 재료인 줄 알았어요."

우리는 꾸러기 동산에서 비료 포대를 타고 할아버지와 눈썰매를 탔던 기억을 떠올렸다. 땀을 뻘뻘 흘리며 신나게 놀았던 그 시절. 시내 친구들은 경험하지 못한 추억이었다. 아버님의 코 고는 소리마저 오늘 밤엔 정겹게 들렸다.

맥주 몇 잔을 마시고 나니 잠이 오지 않았다. 신혼 때를 떠올린다. 시동생들을 두고 놀러 갈 수 없어 친정에 다 함께 갔던 일. 내 남동생은 남편을 자형이라 불렀고, 막내 도련님은 남동생을 자형이라 불렀다. 귀여웠던 그 소년은 이제 장성해 직장인 아들을 둔 중년이 되었다. 참 세월이 빠르다.

생각해 보면 일이나 취미, 실생활에서 나의 힘에 벅차지 않도록 범위를 현명하게 결정하는 기력과 체력은 중년에만 느낄 수 있는 낭만이 아닐까. 앞으로도 함께 웃고, 일하고, 취미를 나누며 저 눈처럼 잔잔하게 속삭이듯 살아가는 것이 나의 작은 바람이다.

  새해에는 바람이 아닌 나 자신이 새로움이 되어, 내가 가는 길이 곧 희망이기를.

혼자 있는 시간

아침 일찍 남편을 배웅하며 하루를 시작했다. 용띠들 모임으로 1박 2일 여행을 떠나는 남편을 차로 데려다주고 돌아오는 길, 창밖의 풍경이 유난히 낯설게 보였다. 부부 동반 모임이었지만, 나는 혼자 남는 길을 택해야 했다. 휴일이 따로 없는 직업이다. 하지만, 아들의 전화 한 통에 내 선택이 옳았다는 걸 깨달았다.

"엄마, 저녁에 시윤이랑 갈게요."

그 순간, 마음이 환하게 열렸다. 남편과 동행했다면 이 시간을 놓쳤을 테니까. 혼자 남기로 한 게 이렇게 좋은 일이 될 줄이야. 니체는 말했다.

"한 번도 춤춰본 적 없는 날은 낭비된 날이다."

오늘은 어떤 리듬으로 채워질까. 기대가 부풀어 올랐다. 오후에도 머릿속은 바빴다. 정리하는 손은 부지런했지만, 생각은 부엌을 오가고 있었다. 튀김옷은 한 겹 더 입혀야 할까? 바삭한 돈

가스를 위해 기름 온도는 몇 도가 적당할까? 손자 입맛엔 달콤한 와플이 좋겠지? 피클은 미리 꺼내야 할 텐데…. 파울로 코엘료는 "일하는 동안에도 한 가지를 계속 생각하게 된다면, 그건 이미 당신의 가슴속에 있는 것"이라고 했다. 나는 지금 일을 하는 걸까, 아니면 저녁을 준비하고 있는 걸까. 손자와 함께할 시간이 이렇게까지 설레는 일이었다니.

오후에 커피를 한 모금 마시는 순간에도, 문득 머릿속엔 된장찌개에 넣을 두부를 사야 한다는 생각이 떠올랐다. 오늘따라 시간이 더디게 흐르는 것만 같았다. 저녁이 빨리 왔으면. 하지만 기대는 오래가지 않았다. 오후가 되자 다시 걸려 온 아들의 전화.

"엄마, 미안한데 오늘은 못 갈 것 같아요."

말끝을 흐리는 아들의 목소리 너머로 희미한 웅성거림이 들렸다. 순간 귀가 멍해졌다. 기대했던 것들이 한순간에 허물어졌다. 조금 전까지 따뜻했던 부엌의 공기가 낯설게 느껴졌다.

존 레논의 말이 떠올랐다.

"인생은 우리가 계획하는 것이 아니라, 우리에게 일어나는 것이다."

계획대로 되지 않는 일은 익숙하지만, 익숙하다고 해서 덜 아쉬운 것은 아니다. 부풀어 있던 마음이 바람 빠진 풍선처럼 가라앉았다. '처남이 왔다니 어쩔 수 없지…'라고 이해하려고 하면서도, '그럼 아까는 왜 온다고 했을까?' 하는 섭섭함이 고개를 들었다.

"우리는 타인의 행동을 그들의 성격으로 판단하고, 우리의 행동은 상황 때문이라 변명한다."는 사회심리학자 리 로스의 말처럼 나는 순간적으로 아들을 탓하고 있었다. 하지만 조금만 더 들여다보면, 아들은 자신의 상황 속에서 최선을 다하고 있었을지도 모른다. 결국, 내 감정이 먼저였던 건 아닐까.

국자가 담긴 손을 멈추고 조용히 창밖을 바라보았다. 해가 서서히 기울고 있었다. 섭섭함을 붙잡고 있기엔 저녁이 너무 고요하고 따뜻했다. 그때 갑자기 아들이 잠깐 들렀다.

"엄마, 그냥 가긴 좀 그래서 얼굴이라도 보려고 왔어."

짧은 순간이었지만, 반가움이 밀려왔다. 아들은 서둘러 사정 이야기를 하더니, 곧바로 교보문고에 책을 사러 간다고 했다. 다녀오라고 말했지만, 마음은 한동안 그 자리에 머물러 있었다. 현관문을 나서는 아들의 뒷모습을 한참 바라보았다. 급하게 걸어가던 아들이 문득 멈춰 서더니 휙 뒤돌아봤다. 내가 여전히 서있는 걸 보곤 피식 웃으며 손을 흔들었다. 나도 자연스럽게 손을 흔들어 보냈다.

멀어지는 발걸음. 그런데 다시 한번 뒤돌아본다. 우리의 시선이 다시 마주친다. 이번엔 서로 손을 번쩍 들어 흔들었다. 마치 어릴 때 소풍 가는 아이와 배웅하는 엄마처럼. 아들은 활짝 웃으며 다시 발걸음을 옮겼다. 나도 덩달아 웃음이 났다. 그렇게 잠깐이었지만, 마음이 한결 가벼워졌다.

나는 천천히 식탁을 정리했다. 그리고 미국에 있는 딸에게 영상 통화를 걸었다. 비록 직접 손자를 안아볼 수는 없지만, 화면 속에서라도 웃음소리를 들을 수 있다면 그걸로 충분했다. 화면이 켜지자마자 딸의 얼굴이 환하게 나타났다.

"엄마, 오늘 하루 어땠어요?"

그리운 목소리에 마음이 금세 녹아내렸다.

"괜찮았지. 너희는 잘 있었어?"

그때 갑자기 화면이 흔들리더니, 익숙한 작은 얼굴이 불쑥 나타났다.

"할머니!!"

손자가 씩 웃으며 얼굴을 들이밀었다. 그런데 이번엔 손자가 화면을 휙 돌렸다.

"아빠도 인사해!"

사위가 멋쩍은 미소를 지으며 고개를 내밀었다.

"어머니, 안녕하세요!"

그렇게 번갈아 가며 손자, 사위, 딸이 하나씩 얼굴을 내밀며 인사를 건넸다. 웃음소리로 가득한 화면을 보며, 문득 깨달았다. 멀리 떨어져 있어도, 마음만큼은 이렇게 가까이 닿을 수 있다는 걸.

알베르 카뮈는 "고독은 삶을 더 깊이 들여다보게 한다."고 했다. 혼자 있는 시간이 주어진 오늘, 나는 나 자신을 더 깊이 들여다볼 수 있었다. 외로움은 때때로 찾아오지만, 그것이 반드시 쓸쓸함을 의미하는 것은 아니다. 따뜻한 기억은 언제든 꺼내어 나를 감싸줄 수 있다. 그리고 그 기억이 쌓여, 오늘을 살아갈 힘이 된다.

나는 조용히 창문을 닫았다. 밤공기가 차가웠지만, 마음은 한없이 따뜻했다. 오늘 하루도 참 다정했다.

시간이 주는 선물

첫 손자가 태어났을 때, 나는 단순한 기쁨 그 이상을 느꼈다. 그 작은 생명이 내 삶에 들어왔을 때, 정말 아무것도 알지 못한 채 그저 기쁨과 설렘에 휩싸여 있었다. 손톱 발톱도 얇고 작고, 몸무게가 3.6kg인 그 아이를 처음 안았을 때의 감정은 아직도 생생하다. 그 작은 손을 처음 잡았을 때, 마치 세상 모든 것이 그 순간에 멈춘 듯한 기분이 들었다. 손가락 끝에서부터 전해지는 온기는 내가 살아온 시간을 하나하나 되짚게 했고, 그 작은 생명이 내게 얼마나 큰 변화를 불러올 수 있을지 가늠할 수 없었다.

손자의 첫 울음소리는 그저 한 편의 음악처럼 가슴속에 울려 퍼졌고, 그 소리는 내 마음의 깊은 곳에서부터 전율을 일으켰다. 세상 모든 부모가 그렇듯, 나는 그 순간부터 부모가 되어가는 과정이 시작되었음을 깨달았다. 그 작은 생명이 주는 사랑은 말로 다 할 수 없을 정도로 순수하고 강렬했다.

그리고 이제, 그 작은 손자는 어느새 중학교 2학년이 되었고, 그 동생은 6학년이 되어 성장의 길을 걷고 있다. 그들이 포르투갈과 영국을 여행하며 자랑스럽게 엄마를 돕는 모습을 카톡으로 받았다. 그 사진 속에서 두 아이는 자신들만의 뚜렷한 모습으로 자라나고 있었다. 이제 그들은 더 이상 내 품에 안겨 있을 작은 아이들이 아니다. 그들 자신의 길을 찾고, 여행하며 세상과 소통하고 있었다. 그런 모습을 보면서 마치 내 어릴 적 모습을 보는 듯한 기분이 들었다.

첫 손자가 태어났을 때, 그가 내 삶에 얼마나 깊이 뿌리내릴 수 있을지 상상하지 못했다. 그 작은 존재가 내 인생의 흐름을 바꾸리라곤 생각지도 못했다. 손자가 태어나고 나서 내 삶의 중심이 조금씩 변해가는 것을 느꼈다. 딸이 엄마가 되어가고, 나 역시 '할머니'라는 새로운 역할을 맡게 되면서 내 삶은 예전과는 또 다른 의미를 갖게 되었다. 손자가 주는 기쁨은 늘 새롭고, 그 작은 변화들이 내 일상에 큰 의미를 주고 있었다.

시간이 흐르면서, '사랑'이라는 것이 그 형태가 변할 수 있다는 것을 깨닫게 되었다. 처음에는 부모로서, 그다음엔 할머니로서 주는 사랑이 점차 손자들에게 옮겨가면서 '사랑의 이동'을 경험하고 있었다.

손자들이 나에게 주는 사랑이 점점 더 커지면서 나는 그들에게 무엇을 주어야 할지 고민하게 되었다. 그들은 끊임없이 많은 것을 가르쳐준다. 내가 그들에게 주는 사랑은 점점 더 깊어지고, 그들에게 무엇을 해줄 수 있을지 고민할 때마다 그들의 작은 손을 잡고 눈빛을 바라보며 나도 모르게 조금씩 변해가고 있음을 느낀다.

그들은 어느새 나의 얼굴을 쳐다보며 웃고 있다. 그 순수한 웃음은 나를 어린 시절로 돌아가게 했다. 손자들의 웃음소리와 맑은 눈빛 속에서 내 인생의 가장 중요한 것들이 무엇인지 다시 한번 되새기게 되었다. 그들의 존재는 나에게 단순히 '사랑'의 감정을 넘어서, 인생에서 잃어버린 것들을 다시 찾게 해주는 특별한 선물이었다.

이제 나는 노년을 맞이했다. 손자들에게 주던 사랑은 점점 더 깊어졌고, 그 사랑이 그들로부터 돌아오는 것처럼 내가 더 많이 사랑받고 있음을 깨닫게 되었다. 손자들은 나에게 그들의 이야기를 들려주고, 함께 놀이하며 웃고, 때로는 서로에게 작은 고민을 털어놓기도 한다. 그들과 함께 있는 시간이 얼마나 소중한지 모르겠다. 그들과 보낸 하루하루가 나에게는 새로운 세계를 여는 문처럼 느껴진다. 변화하는 사랑 안에서 새로운 의미를 찾고 있다. 손자들과의 시간이 그저 지나가는 하루하루가 아닌, 나의 삶을 더욱 풍성하게 만들어주는 순간들이라는 것을 깨닫는다. 이제 나는 그들이 자라는 모습을 보며 '시간'이 주는 진정한 의미를 느끼고 있다.

노년이라는 특별한 시간 속에서, 이전에는 느끼지 못했던 설렘을 경험하고 있다. 젊을 때는 미처 알지 못했던 것들이 이제야 조금씩 보인다. 시간의 흐름 속에서 조금 더 여유를 갖게 되었고, 그 여유 속에서 손자들과 함께 보낸 순간들이 얼마나 값진 시간이었는지 깨닫게 되었다. 그들은 나에게 단순한 존재가 아니다. 그들은 내 삶의 향기이고, 내 마음의 빛이다. 나는 그들과 함께 나누는 매일매일의 소중함을 절대 잊지 않기로 다짐했다.

그리고 어느 순간, 그들이 다 커서도 여전히 내 곁에 있을 것이라는 믿음이 생겼다. 그들이 나에게 주는 사랑은 시간이 지나도 변하지 않을 것이다. 시간이 흐를수록 그 사랑은 더 깊어지고, 그 깊이를 온전히 느끼게 될 것이다. 노년만이 가진 특별한 설렘, 그건 바로 시간이 준 선물이라 믿는다. 손자들의 손끝에서부터 나는 그 선물을 매일매일 받으며 살아가고 있다. 그들이 내 삶의 일부가 되어준 그 순간을 영원히 간직할 것이다.

사돈과 나는 종종 문화적 차이를 웃음으로 넘기곤 한다. 하루는 사돈이 내 집에 와서 밥을 준비하는 모습을 보고 말했다.

"왜 이렇게 빨리 하고 있나요? 천천히 해도 되지 않아요?"

나는 미소를 지으며 대답했다.

"이렇게 빨리 해야 빨리 끝내고, 더 많은 일을 할 수 있어요."

그랬더니 사돈은 고개를 갸웃하며 웃으며 말했다.

"그런데 이렇게 빨리 하는 게 정말 필요한가요? 그냥 여유를 가지고, 지금, 이 순간을 즐기면 더 좋지 않을까요?"

그 말에 내가 잠시 멈추며 생각했다.

"음, 맞아요. 여유를 가지는 것도 중요하지만, 집안일은 빨리 끝내고 다른 걸 할 때 더 즐거운 법이잖아요!"

사돈이 한참을 생각하고 있는데 갑자기 손자들이 달려들어 말했다.

"할머니, 엄마는 천천히 하자고 했어요. 그런데 왜 할머니는 항상 빨리 하세요?"

나는 그 질문에 잠깐 당황하며 웃으며 대답했다.

"음… 할머니는 뭐든지 빨리 해서 끝내야 여유를 가질 수 있거든."

그때 사돈이 손자들을 바라보며 웃으며 말했다.

"그러니까 할머니는 우리에게 배워야 할 게 많네요! 느긋하게 살아보자고요, 그래야 더 행복할 거예요!"

그날 저녁, 우리는 천천히 음식을 준비하며 서로 이야기를 나누고 웃었다. 사돈은 마지막으로 이렇게 말했다.

"오늘은 정말 즐거운 시간이었어요. 다음엔 느긋하게 할 수 있는 일부터 배워보겠습니다."

그 순간, 함께 웃으면서도 깨달았다. '사랑의 이동'이란, 서로 다른 문화를 이해하고, 각자의 방식을 존중하면서도 유머와 사랑을 나누는 것임을.

단단한 행복, 삶의 품격

아침 공기에 구수한 된장찌개 냄새가 스며든다. 작은 조기는 노릇하게 익어가고, 현미밥이 완성되는 소리가 따뜻한 하루의 시작을 알린다. 바쁜 일상에서도 매일 같은 방식으로 하루를 연다. 누군가는 단조롭다고 할지 모르지만, 이 반복되는 습관 속에서 나만의 품격을 쌓아간다.

된장찌개를 끓이는 과정은 정성의 연속이다. 멸치와 다시마, 마른 새우로 육수를 내고, 잘게 자른 시래기를 준비한다. 표고버섯과 양파, 대파, 마늘, 청양고추까지 손질하며 하나하나 재료의 향을 음미한다. 된장을 푼 국물이 끓어오르면, 손으로 조물조물 무친 채소들을 넣고 다시 한번 끓인다. 그렇게 깊은 맛이 우러날 때쯤, 조기 다섯 마리를 깨끗이 손질해 붉은 소금을 살짝 뿌린 뒤 올리브유를 발라 굽는다. 노릇하게 익어가는 생선의 향과 현미밥이 완성되는 소리가 집 안을 채운다. 이렇게 준비한 아침상을 남편과 함께 나누고, 작은 사과 반쪽과 따뜻한 캡슐 커피 한 잔을 곁들이면 하루의 시작이 더없이 충만해진다.

금요일은 청소하는 날이다. 로봇청소기가 바닥의 먼지를 깨끗하게 빨아들이는 동안 물걸레를 준비한다. 세 장의 걸레를 번갈아 가며 바닥을 닦고, 베란다 창문을 활짝 열어둔 채로 물청소한다. 현관까지 말끔히 닦고 나면, 집 안 구석구석이 정리된 듯한 개운함이 밀려온다.

운동도 빠질 수 없다. 베란다에서 훌라후프를 돌리며 오른쪽, 왼쪽 번갈아 500번을 세어간다. 단순한 반복 같지만, 몸이 균형을 찾아가는 느낌이 들 때마다 자신을 돌보고 있다는 작은 뿌듯함이 차오른다. 운동을 마치고 난 후에는 화분들을 살핀다. 마른 잎을 제거하고, 빈 화분 네 개를 상자에 담아 출근길에 꽃집에 들를 준비를 한다. 오늘은 천리향과 양란, 그리고 다육식물 두 종류를 심을 예정이다.

조금 이른 봄기운이 느껴지는 아침, 출근길에 황톳길을 맨발로 걸으며 30분간 산책을 한다. 차가운 흙의 감촉을 발끝으로 느끼며 숨을 고른다. 반복되는 이 작은 습관이 하루의 중심을 단단하게 잡아준다는 것을 나는 안다. 차 안에는 점심으로 준비한 꿀고구마의 달콤한 향이 은은하게 퍼지고, 유튜브를 틀어『단단한 행복』이라는 책 내용을 들으며 운전한다. 책에서는 아리스토텔레스의 말이 나온다.

"우리가 반복적으로 행하는 것이 우리 자신이다. 그렇다면 탁월함은 행동이 아니라 습관인 것이다."

 순간, 이 말이 내 삶에 그대로 녹아들어 있다는 걸 깨닫는다. 누군가는 특별한 경험 속에서 행복을 찾으려 하지만, 나는 매일 반복되는 작은 습관 속에서 삶의 품격을 쌓아간다. 정성스럽게 차린 한 끼, 깨끗하게 정돈된 집, 몸을 움직이며 돌보는 시간, 그리고 스스로에게 들려주는 좋은 문장들. 이 모든 것이 쌓이고 쌓여 지금의 나를 만든다.

 출근길, 차창 밖으로 아침 햇살이 부드럽게 스며든다. 오늘도 어제와 다름없는 하루가 시작되었지만, 이 익숙한 루틴 속에서 나는 다시 한번 내 삶의 품격을 다듬어간다. 그리고 그 반복이 주는 깊은 행복에 미소 짓는다.

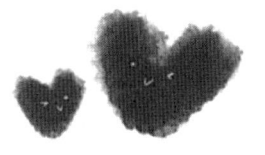

3부
함께 가는 길

가족이 된다는 것

결혼한 지 얼마 되지 않았던 새댁 시절, 우리 집에는 신혼부부만의 시간이 거의 없었다. 남편의 막냇동생과 시누이가 함께 살았기 때문이다. 결혼식 후 달콤한 신혼을 기대했지만, 현실은 다섯 명이 한집에 사는 대가족의 삶이었다.

처음엔 서툴렀다. 남편의 동생들이 함께하는 생활에 적응하기란 쉽지 않았다. 그런데 신혼생활 한 달쯤 지나던 어느 날, 나는 가족회의를 소집했다.

"오늘 저녁, 집에서 가족회의를 할 테니 모두 일찍 들어오세요."

긴장된 얼굴의 시누이와 시동생들이 그날 저녁 식탁에 앉았다. 나는 불고기, 잡채, 나물, 그리고 된장찌개까지 정성껏 준비했다. 식사를 마친 뒤 조심스레 입을 열었다.

"이 집의 주인은 이제부터 저예요. 형님도, 도련님들도 제 말을 따라야 합니다. 그렇지 않으면 각자의 길을 가는 게 좋겠어요."

순간 모두가 놀란 표정을 지었다. 그리고 남편이 조용히 말했다.

"너희 형수가 맞다. 이제부터는 네 형수가 집안일을 책임지고 이끌어 갈 거야."

남편의 그 말은 나에게 큰 힘이 되었다.

그날 이후, 우리는 함께 장기 계획을 세웠다. 아이는 둘, 5년 후 작은 집 마련, 10년 후 가족 여행. 모든 것을 두꺼운 노트에 적어 계획하고 실천했다. 시누이와 시동생들도 적극적으로 협력했고, 우리는 점점 더 끈끈한 가족이 되었다.

지금 생각해 보면 그날의 가족회의는 단순한 선언이 아니라, 가족 간의 토론이자 새로운 삶의 시작이었다. 계획은 삶의 나침반이 되었고, 그 방향으로 나아가다 보니 예상보다 빠르게 목표를 이루는 순간들이 찾아왔다. 함께 세운 작은 계획들이 쌓여 결국 우리의 삶을 빚어낸 것이다.

이제는 모두 중년이 훌쩍 넘었지만, 제삿날에 모이면 그날 이야기가 화제에 오르곤 한다. 그리고 그때의 일을 떠올리며 웃는다. 어쩌면 삶이란, 각자의 자리에서 책임을 다하고 서로를 믿으며 조화롭게 맞춰가는 하나의 퍼즐과도 같다. 각자의 조각이 다른 모양을 하고 있지만, 함께할 때 비로소 완성된 그림이 된다.

그 시절의 좌충우돌이 지금의 화합으로 이어졌음을 깨닫는다.

 우리가 함께 맞춰가며 쌓아온 시간은 단순한 기억이 아닌, 서로의 존재를 더욱 단단하게 이어주는 다리가 되었다. 삶은 결국, 서로의 틈을 메우고 부족함을 채우며 완성되어 가는 과정이다.

금융 치료

비 오는 날, 낯선 사람이 내 차로 다가왔다. 신호대기 중이던 나는 순간 긴장했다. 하지만 그 사람은 조용히 미소를 지으며 말했다.

"차에 불이 안 켜져 있어서요."

비를 맞으면서도 나를 위해 차에서 내려 알려준 그 신사의 모습은 하루를 따뜻하게 덮어주었다. 사실, 우리는 일상에서 이런 작은 친절을 만날 때 비로소 세상이 살 만하다고 느낀다. 금융 치료라는 말이 요즘 자주 들린다. 돈으로 아픈 마음을 치료한다는 뜻이다. 하지만 커뮤니티에서는 이 말을 조금 다르게 쓴다. 잘못한 사람에게 금전적 책임을 지우는 일, 일종의 '돈으로 본 때를 보여주는 행위'라는 의미로.

그러나 문득 이런 생각이 든다. 돈은 정말 마음의 상처를 치료할 수 있을까? 누군가에게 손해를 입힌 사람이 돈으로 배상하고, 피해자는 그 돈을 받아 일상으로 돌아간다. 표면적으로는 깔끔한 거래다. 하지만, 금전적 보상만으로 모든 상처가 사라지는 것은 아니다.

행동은 돈으로 환산할 수 없는 가치다. 만약 비 오는 날 그 신사가 무심하게 지나갔다면 나는 아무런 비용도 지급하지 않았을 것이다. 하지만 그의 행동 덕분에 하루는 온기로 가득 찼다.

우리는 때때로 금전적 가치로 모든 것을 환원하려는 경향이 있다. 교통사고가 나면 보험 처리를 하고, 부당한 일을 겪으면 소송을 통해 금전 보상을 받는다. 사회는 이렇게 굴러간다. 그러나 돈으로 치유할 수 없는 상처가 있다. 가족 간의 오해, 친구와의 갈등, 그리고 삶의 공허함 같은 것들이다.

우리가 진정으로 원하는 금융 치료는 '돈의 액수'가 아니라 '상대방의 태도'다. 할아버지가 무인 꽃집에서 꽃을 사고, 지불 수단이 없어 아침에 다시 돌아와 돈을 놓고 간 것처럼. 그의 행동은 돈으로 치유하는 것이 아닌, 책임감이라는 가치를 전하는 행위였다. 할아버지는 할머니 생신 축하를 위해 새벽에 꽃을 사러 갔다. 꽃값 3만 원은 돈으로 보자면 큰 금액이 아니다. 하지만 그 꽃에는 사랑과 진심이라는 무게가 담겨 있다.

금융 치료의 진정한 의미는 돈으로 관계를 청산하는 것이 아니라, 돈에 담긴 마음의 깊이를 인식하는 것이다. 속도 30km로 달리는 학교 앞에서, 손수레를 끌고 건널목을 건너는 어르신을 기다려주는 10초는 돈으로 계산되지 않는다. 하지만 그 10초는 우리 모두에게 작은 여유와 배려의 가치를 남긴다.

    결국 세상은 막말과 경쟁보다 작은 친절과 책임감으로 움직인다. 돈의 무게가 아닌, 마음의 깊이로 세상을 바라본다면 우리는 모두 서로의 금융 치료사가 될 수 있다.

| 틈

　바람이 불었다. 나무들은 잎을 떨구었고, 한때 푸르렀던 잎들은 땅 위에 겹겹이 쌓였다. 낙엽은 바람을 따라 흩어지다가도 어느새 자리를 잡고, 시간이 흐를수록 잊혀 갔다. 그러나 그 틈 어딘가, 작은 꽃 한 송이가 조용히 고개를 내밀었다.
　언제부터 거기에 있었을까. 아무도 보지 못하는 동안, 그 작은 생명은 흙 속에서 뿌리를 내리고 있었다. 어둠 속에서 힘을 기르고, 차가운 바람을 견디며, 자신의 계절을 기다리고 있었다. 낙엽 사이로 아주 작은 틈이 생길 때까지. 빛이 한 줄기 스며들 틈이 열릴 때까지. 그리고 마침내, 꽃은 세상을 향해 피어났다.
　낙엽 사이의 틈, 돌 틈에서 자라는 풀잎, 콘크리트 틈을 비집고 올라오는 작은 생명들. 틈은 쉽게 지나치는 곳이지만, 언제나 그곳에서 새로운 것이 시작된다. 그렇다면 삶의 틈은 어디에서 피어나는가.

모든 것이 빠르게 흘러가는 시대 속에서도, 사람들은 문득 멈춰 선다. 바쁜 하루의 틈에서 창밖을 바라보는 순간, 말과 말 사이의 틈에서 조용히 스며드는 생각들. 때로는 한 걸음 물러서야 보이는 것들이 있다. 숨을 고르는 순간, 길을 잃은 듯한 시간, 무엇을 해야 할지 몰라 망설이는 순간들. 하지만 그 틈이 없다면 우리는 너무 앞만 보고 달려가다 길을 잃을지도 모른다. 어쩌면 지금, 누군가는 그런 시간을 지나고 있을 것이다.

사람과 사람 사이에는 보이지 않는 틈이 있다. 너무 가까우면 답답하고, 너무 멀어지면 불안한 거리. 사랑하는 사이에서도, 가족 사이에서도, 우리는 그 틈을 느낀다. 틈은 때로 상처가 되지만, 때로 숨 쉴 공간이 되기도 한다. 너무 단단하게 닫힌 문보다는, 살짝 열린 문틈 사이로 들어오는 바람이 더 시원한 법이다. 서로를 이해할 수 없는 날도 있겠지만, 그 틈을 통해 조금씩 가까워질 수 있지 않을까.

사람들의 말과 말 사이에도, 계절과 계절 사이에도, 마음과 마음 사이에도. 틈이 반드시 나쁜 것은 아니다. 틈이 있어야 바람이 지나가고, 틈이 있어야 빛이 들어온다. 그러니, 너무 조급해하지 않아도 된다.

닫혀 있다고 생각했던 길에도, 틈은 마련되어 있다. 아무것도 보이지 않는 어둠 속에서도, 아주 작은 틈으로 빛이 스며들고 있을지 모른다. 언젠가 그 빛을 따라 걸어가다 보면, 문득 알게 될 것이다.

  길을 잃은 것 같았던 순간도 결국은 한 방향을 향하고 있었다는 것을. 흔들리던 날들이 뿌리가 되어 있었다는 것을. 오래 머물렀던 어둠에도 빛이 스며들고 있었다는 것을. 그렇게 우리는 피어나고, 그렇게 또 살아간다.

  바람이 불면, 낙엽이 속삭인다. 틈이 있다는 것은, 다시 피어날 수 있다는 뜻이라고.

리버풀에서 온 작은 선물

♥

　16년 전, 딸의 결혼식장에서 나는 주례 대신 인사말을 했다. 손에 든 원고는 구겨지도록 꼭 쥐고 있었지만, 마음만은 흔들리지 않으려고 애썼던 기억이 난다. 긴장된 마음을 숨기려 애쓰며 마이크를 잡고, 사랑하는 아이의 새로운 출발을 축복했다. 당시엔 국제적인 사위를 맞이하는 일에 설렘과 걱정이 교차했지만, 시간이 지나면서 모든 것이 자연스럽게 흘러갔다.

　올해로 그 결혼이 16년째다. 그리고 오늘 아침, 딸이 보내온 메시지를 보며 다시금 그날의 감정을 떠올렸다. 두 손자와 함께 영국 리버풀에서 축구 경기를 관람하는 사진이다. 겨울방학을 맞아 축구를 좋아하는 두 아들을 위해 먼 길을 떠난 딸의 가족이 행복하게 웃고 있었다. 그 사진을 보는 순간, 가슴 한쪽이 따뜻해졌다.

　축구 경기장에서 열정적으로 응원하는 동영상도 있었다. 손자들의 밝은 웃음소리, 딸과 사위의 환한 얼굴을 보며, 그들이 얼마나 행복한 시간을 보내고 있는지 고스란히 전해졌다. 영국 시내 관광 중 찍은 여러 장의 사진에는 손자들이 신기한 듯 거리를 바라보는 모습도 담겨 있었다. 사진 속 딸의 얼굴은 수술과 치료 과정을 거친 사람이라고는 믿기지 않을 만큼 평온하고 즐거워 보였다.

16년 전, 영어 한마디 못 하던 내가 데이비드와 전화로 대화하며 영어를 배우려 했던 그 시간이 떠올랐다. 그저 영어 선생님인 줄로만 알았던 데이비드가 딸의 남자 친구라는 것을 알게 되었을 때의 놀람과 당황스러움도 함께. 그러나 시간이 지나며 데이비드의 따뜻한 마음과 성실함을 알게 되었고, 지금은 우리 가족의 든든한 기둥이 되어 있다.

사위로 받아들이기 어려웠던 순간도 있었지만, 지금은 둘도 없는 사위이자, 아이들을 사랑으로 키우는 좋은 아빠로 자리 잡았다. 무엇보다 아이들이 축구를 보며 환하게 웃는 모습에서, 가족이라는 이름이 얼마나 소중한지 다시금 깨달았다.

삶은 때론 예상하지 못한 방향으로 흘러가지만, 그 길 위에서 피어나는 사랑과 따스함은 변하지 않는다. 결혼식 날 했던 나의 인사말처럼, 서로를 이해하고 사랑하는 과정은 때론 아프기도 하고, 때론 기쁨으로 가득 차기도 한다. 지금의 딸 가족은 그 과정을 아름답게 걸어가고 있다.

최근, 딸이 유방 종양으로 수술했다. 원래는 딸이 한국에 놀러 오기로 했지만, 갑작스러운 수술 소식을 듣고 내가 미국으로 가서 한 달 반을 머물렀다. 작은 옷가지만 챙기고, 나머지는 딸이 어릴 때 좋아했던 건어물과 말린 채소 등 생각나는 것은 모두 챙겨갔다. 딸은 내가 소식만 듣고 걱정할까 봐 직접 오게 했다고 말했다.

수술 후 치료 과정을 지켜보며 딸 곁에 있었다. 그때 마음은 걱정으로 가득했지만, 딸과 사위는 놀라울 정도로 긍정적으로 잘 이겨냈다. 그 모습에 얼마나 고마웠는지 모른다.

머무는 동안 우리는 사이사이 여행을 다니며 맛집을 찾아다녔다. "엄마"라는 말을 평생 들을 만큼 많이 듣고, 딸의 이름도 그렇게 자주 불러서 서로 떨어져도 귀에 남을 것 같다고 농담을 주고받았다.

지금은 딸이 직장에 복귀하고, 계획했던 일정대로 삶을 이어가고 있다. 그 모든 과정에서 딸과 사위가 보여준 강인함과 사랑이 얼마나 고마운지 모른다.

여러 장의 사진과 동영상이 오늘 하루를 유난히 따뜻하게 물들인다. 그리고 그 사진을 보며, 딸과 사위, 그리고 두 손자에게 감사의 마음을 전한다. 저 멀리 영국에서 보내온 그 작은 행복이, 내게는 커다란 선물이 되었다.

사진을 보며 집에서 남편과 함께 조용히 그 순간을 되새겼다.

사진 속 손자들의 웃음소리를 들으며 남편은 말없이 미소 지었다.

"우리 딸, 참 잘 살고 있네."

남편의 짧은 한마디에 모든 감정이 담겨 있는 듯했다. 가족이 함께하는 시간, 서로를 걱정하고 사랑하는 마음이 결국 우리를 지탱하는 힘이라는 것을 다시금 깨달았다.

'리버풀에서 온 작은 선물' 이라는 제목처럼, 이들의 사진과 동영상은 먼 거리와 시간의 흐름을 넘어 내게 전해진 가족의 사랑이다. 삶은 언제나 예상과 다르게 흐르지만, 그 안에서 피어나는 사랑과 추억은 우리를 지탱하는 가장 소중한 선물임을 다시금 깨닫는다.

멈춤, 존재의 속삭임

여름은 8월 초가 가장 뜨겁다. 그러나 마음만 단단히 먹으면 웬만한 일은 다 할 수 있다. IT에 관심이 많은 나는 4개월째 새로운 도전에 매진하고 있었다. 꾸준히 연습하면 된다는 매력이 있다. 비록 젊은이들처럼 빠르진 않지만, 나도 할 수 있다는 믿음이 있었다.

우리는 사회의 안전망 안에 살고 있다. 행정안전부에서 폭염 경보 문자가 날아오고, TV에서는 온열 환자가 늘고 있다고 보도한다. 그러나 나는 그 모든 경고가 남의 일처럼 느껴졌다. 컴퓨터 앞에서 눈이 침침하고 피로감이 몰려와도 애써 무시했다.

그러던 월요일 아침이었다. 컴퓨터를 켜자, 화면 글자가 두 겹, 세 겹으로 보였다. 조금 지나자, 화면이 일렁이며 춤을 추기 시작했다. 컴퓨터가 '띠띠띠…' 하는 소리를 내는 것 같더니, 머리가 떵하고 앞이 캄캄해졌다. 힘이 빠지고 그대로 쓰러졌다.

얼마 후 남편이 부랴부랴 달려와 나를 부축했다. 남편과 주변 사람들의 도움으로 차에 올랐다. 인근 병원에 도착하자마자 코로나 검사를 받았다. 10분 후, 음성이라는 결과를 받았다. 의사의 소견은 '과부하'. 남편은 포도당 주사를 요청했지만, 의사는 체력이 되어야 주사를 맞을 수 있다고 했다.

남편은 불안한 마음에 다른 병원으로 나를 데리고 갔다. 다시 코로나 검사를 받고 기다리는 동안 시력은 돌아왔지만, 여전히 몸에 힘이 없었다. 의사는 특별한 이상은 없다며 일주일 치 약을 처방하고 충분히 쉬라고 말했다.

나는 집으로 돌아와 무조건 쉬었다. 흔치 않은 휴식이었다. 그제야 깨달았다. 몸이 나에게 말을 걸고 있었다는 것을. 그러나 너무 바빠 그 속삭임을 듣지 않았다. "몸이 보내는 신호를 외면하는 것은 자아를 외면하는 것과 같다."는 말이 떠올랐다.

젊은 날에는 가족을 돌보느라 내 몸을 돌아볼 겨를이 없었다. 육십 대를 지나가는 길에 내 몸을 돌아보기 시작하자마자, 몸은 경고를 보냈다. 나는 평소에도 피로를 인식하지 못하는 편이다. 어쩌면 몸이 피로를 느낄 틈조차 주지 않았던 것일지도 모른다.

"몸이 임자를 잘못 만났습니다. 나이를 생각하셔야죠."

의사의 말에 남편이 거들었다.

"하는 일을 반쯤으로 줄이면 어떨까? 당신 몸도 좀 예우해 주고."

짧은 말이었지만, 그 속에는 오랜 시간 나를 지켜봐 온 남편의 마음이 담겨 있었다. '당신이 아프면 나도 불안해. 당신 없이는 이 집도 온전하지 않아.' 그런 마음이 느껴졌다. 평소 말이 적고 표현에 서툰 남편이지만, 그 한마디면 충분했다. 그가 나를 소중히 여긴다는 것, 내가 건강하길 바란다는 것. 몸을 돌보는 일이 단순히 나를 위한 것만은 아니라는 걸, 새삼 깨닫게 되었다. 이참에 나 자신과 함께하는 시간적 여유를 가져야겠다.

오랜 시간 나는 앞으로만 달려왔다. 가족을 돌보고, 해야 할 일을 해내고, 새로운 도전에 뛰어들며 나를 밀어붙였다. 그러나 이번 멈춤은 어쩌면 내게 주어진 기회일지도 모른다.

우리는 종종 자신을 챙기는 일을 미뤄둔다. 더 중요한 일이 있다고 믿으며, '나중에'라는 약속을 반복한다. 그러나 나중은 쉽게 찾아오지 않는다. 나를 돌보는 시간은 스스로 만들지 않으면 오지 않는다.

이제는 나와 마주할 시간이다. 아침의 고요 속에서, 커피 한 잔을 들고 창밖을 바라보며, 잠시 숨을 고르는 순간들을 더 소중히 여겨야겠다고 다짐했다. 그 순간들이 쌓이면, 나는 더 단단해질 것이다.

몸의 속삭임은 단순한 피로의 신호가 아니다. 그것은 멈춤을 통해 나 자신을 들여다보라는, 삶의 조용한 권유다.

생일, 삶의 마지막 페이지를 채우며

올해도 생일이 찾아왔다. 아들과 며느리, 그리고 손자가 축하하러 왔다. 어젯밤엔 미국에 있는 딸 가족이 영상 통화를 걸어왔다. 화면 속에서 손자들이 작은 케이크를 들고 손을 흔들었다. 딸과 사위가 밝게 웃으며 인사했다.

"엄마, 생일 축하해요!"

가족들과 함께하는 따뜻한 순간이었지만, 문득 마음 한편이 아릿해졌다. 한때는 내 생일이면 대가족이 우리 집에 모였다. 시부모님과 함께 살던 시절, 온 가족이 둘러앉아 음식을 나누고, 정성껏 쓴 편지를 낭독하며 서로의 마음을 전하곤 했다. 생일은 단순한 기념일이 아니라, 사랑을 확인하는 날이었다.

그러나 지금은 모든 것이 간결해졌다. 외식을 하고, 용돈을 주고받으며 축하를 대신한다. 시대의 흐름에 맞춘 변화지만, 어쩐지 허전한 마음이 든다. 나는 어느새 부모님의 자리에 서 있다. 그리고 문득 깨닫는다. 언젠가 맞이할 내 생의 마지막 페이지를 떠올리는 시기가 왔다는 것을.

요즘 들어 남편과의 대화도 자연스럽게 '인생의 마무리'에 대한 이야기로 흘러간다. 앞으로 어떻게 살아야 할까? 무엇을 정리해야 할까? 이런 질문들이 오간다. 하지만 정작 '마무리를 잘한다'라는 것이 무엇인지 깊이 생각해 본 적은 없었다.

독일 철학자 하이데거는 인간을 '죽음을 향한 존재'라고 했다. 우리는 누구나 언젠가 삶의 끝을 맞이한다는 사실을 알고 있지만, 그 사실을 잊고 살아간다. 그는 말했다.

"죽음을 외면하는 삶은 진정한 삶이 아니다. 죽음을 온전히 받아들일 때, 우리는 비로소 가장 충실한 오늘을 살 수 있다."

이 말을 곱씹어 본다. 젊었을 때는 늘 '다음'을 준비하며 살았다. 아이를 키우고, 부모님을 모시고, 가족을 위해 부지런히 움직였다. 항상 미래를 위해 바빴다. 하지만 이제 더 이상 '다음'을 준비할 필요가 없는 시점이 되었다. 그렇다면 남은 시간은 어떻게 채워야 할까?

고대 로마 철학자 세네카는 말했다.

"인생이 짧다고 걱정하지 마라. 문제는 시간이 부족한 것이 아니라, 우리가 시간을 허비하는 데 있다."

돌아보면, 나는 얼마나 많은 시간을 흘려보냈던가. 하루하루를 바쁘게 살면서도, 정작 내 삶의 의미를 깊이 들여다본 적은 몇 번이나 될까? 세네카의 말처럼, 오늘이라는 시간이야말로 남은 삶을 어떻게 살아갈지 고민하는 계기가 되어야 하지 않을까?

프랑스 철학자 몽테뉴는 "죽음은 삶의 끝이 아니라 일부다."라고 했다. 그렇다면 죽음을 준비한다는 것은 단순히 물건을 정리하고 유산을 남기는 것이 아니라, 마지막 순간까지 온전히 살아가는 일이 아닐까?

이제야 알겠다. 마무리를 잘한다는 것은, 마지막을 준비하는 것이 아니라 마지막까지 의미 있게 살아가는 것이다. 하루를 대충 보내는 것이 아니라, 오늘이라는 시간을 정성껏 살아내는 것. 사랑하는 사람들에게 따뜻한 말을 건네고, 여유를 즐기며, 내 삶을 온전히 살아내는 것. 그것이야말로 '잘 사는 것'이 아닐까.

올해 생일을 맞으며, 삶의 마지막 페이지를 어떤 이야기로 채울지 고민해 보았다.

'앞으로의 시간도 따뜻하게, 그리고 의미 있게 살 수 있기를.'

케이크 위의 촛불이 흔들리다 이내 사라졌다. 하지만 내 안에서 새롭게 피어나는 불빛이 있었다. 그것은 마지막까지 온전히 살아가겠다는 조용한 다짐이었다.

유치원 졸업식 날

손자의 유치원 졸업식 날, 아침부터 마음이 분주했다. 거울 앞에서 옷매무새를 가다듬고 조용히 현관문을 나섰다. 화려한 꽃다발도, 거창한 선물도 없었지만, 그저 두 눈으로 아이의 모습을 오래도록 담고 싶었다. 가족이란 함께하는 것만으로도 충분한 존재니까.

유치원 강당에 들어서자 작은 학사모를 쓴 아이들이 한 줄로 있었다. 한 뼘 자란 키, 단정한 앞머리, 살짝 긴장된 표정. 그 모습이 기특하고 사랑스러웠다.

이름이 하나씩 불릴 때마다 아이들은 또렷한 목소리로 "예!" 하고 대답했다. 그 순간, 단순한 대답이 아니라 세상을 향한 첫 다짐처럼 들렸다. 손자의 목소리도 유독 힘찼다. 나는 작은 어깨를 지켜보며 조용히 생각했다. '저 어깨에도 언젠가 삶의 무게가 내려앉겠지. 하지만 오늘의 이 당당함이, 언젠가 그 무게를

견디는 힘이 되어 줄 거야.'

졸업식의 마지막 순간, 모든 아이가 함께 외쳤다.

"멋진 초등학생이 되겠습니다!"

환한 얼굴들, 반짝이는 눈빛, 힘찬 목소리. 순간 가슴 한구석이 뭉클해졌다. 그중에서도 목감기로 얼굴이 붉어진 손자가 기운 내어 서 있는 모습을 보니, 대견하면서도 안쓰러웠다. 아이들은 앞으로 얼마나 많은 길을 걸어갈까. 그 길 위에 따뜻한 사람들이 함께해 주길, 그리고 나도 그중 한 사람이 될 수 있길 바라며 박수를 보냈다.

졸업식이 끝난 뒤, 손자는 며느리와 함께 병원으로 향했다. 나는 혼자 차를 타고 근무지로 돌아가며 창밖을 바라보았다. 겨울의 끝자락, 찬 공기 속에서도 부드러운 봄기운이 느껴졌다. 오늘따라 사돈이 더욱 고맙게 생각되었다.

며칠 전, 나는 사돈께 전화를 걸어 조심스럽게 말했다.

"손자를 정말 잘 키워주셔서 감사해요."

그러자 사돈은 오히려 미안한 목소리로 답했다.

"제가 좋은 시간 다 가졌어요. 죄송한 마음이 더 크네요."

순간, 가슴이 먹먹해졌다. 손자를 돌보며 함께 웃고, 달래고, 기다리고, 안아주었던 그 모든 순간이 얼마나 소중했을까. 가족이란 혈연만으로 이루어지는 것이 아니라, 시간을 함께 나누며 서로를 보듬는 존재임을 새삼 깨달았다.

그 순간, 내 아들의 유치원 졸업식이 떠올랐다. 그날도 이렇게 꽃샘추위가 기승을 부렸었다. 온 가족이 함께 졸업식장에 갔고, 졸업식이 끝난 후 우리는 모두 중국집으로 향했다. 커다란 탕수육 접시를 가운데 두고, 뜨거운 짬뽕 국물과 김이 모락모락 나는 자장면을 나누어 먹었다. 아들의 조그마한 입가에 자장면 소스가 묻자, 어머니께서 손수건을 꺼내 조심스레 닦아주시며 웃으셨다. 따뜻한 음식, 정겨운 웃음, 사랑이 가득했던 그날의 공기가 아직도 선명하다.

사람은 결국 기억 속에서 살아간다. 시간이 흐를수록 깨닫게 된다. 행복은 거창한 것이 아니라, 이런 순간들 속에 있다는 것을. 따뜻한 손길, 함께 웃는 저녁 식탁, 서로를 걱정하는 마음. 가족이란 그렇게 서로의 시간을 채우며 더 깊어지는 것이 아닐까.

집으로 돌아와 따뜻한 차 한 잔을 앞에 두고 앉았다. 문득 어린 시절이 떠올랐다. 한겨울 저녁, 아궁이에 불을 지피고, 온 가족이 모여 군밤을 까먹던 날들. 방바닥은 뜨끈했고, 동치미 국물 한 모금 마시니 개운한 맛이 입안에 퍼졌다. 손바닥 위에서 곶감을 반으로 찢어 나누던 순간, 부모님의 웃음소리가 함께 번졌다.

오늘도 그런 날이었다. 지나온 세월이 쌓여 따뜻한 기억이 되고, 그 기억이 다시 사랑이 되어 우리 곁을 감싸주는 날. 나는 이 마음을 오래도록 품고 싶었다. 그리고 앞으로도 사돈과 함께 손자의 성장을 지켜보며, 사랑을 주고받는 이 인연을 계속 이어가고 싶다.

오늘 하루, 내 가슴은 기억 속에 머무는 온기처럼 따뜻했다.

함께 가는 길

경주에서 친구 아들 결혼식이 있는 날이었다. 예식 시간이 오후 2시라 오전에 성당에서 미사 드리고 출발하려 했는데, 문을 나서는 순간 문득 깨달았다. 휴대전화를 집에 두고 온 것이다. 연락도, 길 찾기도 휴대전화 없이는 불편한 세상이라 발걸음을 돌려 다시 집으로 갔다.

충전기에 조용히 기대어 있는 휴대전화를 보며 피식 웃음이 났다. 바쁜 하루 속에서 잠시 숨을 고르라는 신호일까. 창문을 열어 바깥 공기를 들이마셨다. 부드러운 바람이 볼을 스치고, 먼 곳에서 종소리가 은은하게 퍼졌다. 문득, 하루가 조금은 다르게 흘러갈 것 같은 예감이 들었다.

결혼식을 마친 후, 오랜 친구들과 카페에 앉아 근황을 나눴다. 이야기의 끝은 자연스럽게 부모님에 대한 기억으로 흘러갔다. 돌아가신 분들도 계셨고, 연로하신 부모님을 모시는 친구들도 있었다. 삶이 흘러가며 우리도 부모님의 자리를 닮아가고 있었다.

그때 문득, 지난주 동생들과 함께 경주에 다녀온 기억이 떠올랐다. 그날도 차 안에서 음악을 틀어놓았다. 하지만 어느 순간 라디오를 끄고 말없이 창밖을 바라보았다. 음악이 사라진 자리에는 어린 시절 부모님과 함께했던 장면들이 가만히 떠올랐다.

"형, 어릴 때 기억나?"

동생이 운전대를 잡은 채 슬며시 물었다.

"뭐가?"

내가 웃으며 되묻자, 뒷좌석에 앉아 있던 막내가 말을 보탰다.

"아버지가 밥 비벼 주시던 거 말이야."

그 말에 우리는 동시에 웃음을 터뜨렸다. 우리 집에서는 밥을 비비는 것이 아버지의 몫이었다. 가죽 잎 장아찌를 총총 썰어 한 숟갈씩 넣고, 마지막에 물을 살짝 더해 한 그릇씩 정성스럽게 비벼 주시던 손길. 각자의 그릇으로 건네지는 밥에는 단순한 맛이 아니라, 가족을 향한 따뜻한 마음이 담겨 있었다.

"그리고 엄마는 가을이면 꼭 고추 부각을 튀겨 주셨지."

"맞아, 찹쌀 풀을 곱게 끓여서 고운 고춧가루를 입혀 말려 두셨잖아. 국화잎 부각, 가죽나무 잎 부각도 같이."

기름에 노릇하게 부풀어 오른 부각을 한입 베어 물면, 바삭한

소리와 함께 고소한 향이 퍼졌다. 입안에서 녹듯 사라지는 부각처럼, 어린 시절의 순간들도 그렇게 흘러간 줄 알았다. 하지만 이렇게 다시 꺼내 이야기할 수 있다는 건, 그 기억들이 여전히 우리 안에 살아 있다는 뜻일 것이다.

"그거 기억나? 똑똑 자반."

"그럼! 그거 양념에 비벼 먹을 때, 톡톡 소리 났었잖아!"

그날 차 안은 웃음으로 가득 찼다. 어린 시절 장난치며 싸우던 남매였지만, 이제는 기억 하나만으로도 함께 미소 지을 수 있는 사이가 되었다. 부모님이 우리를 한 식탁에 둘러앉혀 길러 주셨듯, 우리는 서로에게 따뜻한 기억이 되어가고 있었다.

집 가까운 2·28 자유공원에서 잠시 걸음을 멈추었다. 나무 사이로 스며드는 햇살, 돌길 위에 부서지는 낙엽 소리, 먼 곳에서 들려오는 아이들의 웃음소리. 모든 것이 지나가는 듯하면서도, 사라지지 않는 것들이었다. 시간은 모든 것을 씻어내는 듯 보이지만, 사실은 더 깊이 스며들게 한다.

우리는 언젠가 부모님의 자리로 돌아갈 것이다. 그리고 언젠가, 우리를 기억하는 누군가의 마음속에서 다시 살아날 것이다. 나이가 든다는 것은 단순히 과거를 떠올리는 것만이 아니라고 생각한다. 그것은 우리가 더 많은 이야기를 쌓아가고, 더 깊이 사랑하며, 더 넓게 세상을 품을 수 있는 시간일지도 모른다.

이제는 조금 더 천천히 걸어도 괜찮다. 인생이란 서두를 필요가 없는 긴 여행이니까. 지나온 날들이 우리를 지탱해 주듯, 앞으로의 날들은 또 다른 빛으로 우리를 맞이할 것이다.

우리는 시간이 흐를수록 조금 더 따뜻해지고, 조금 더 온유해지고, 조금 더 아름다워질 것이다. 그리고 그 결을 따라, 앞으로도 함께 걸어갈 것이다.

아침의 기쁨

쌀쌀한 공기를 가르며 아침 산책을 나섰다. 맨발로 차가운 땅을 밟을 때마다 발바닥이 말갛게 닦이는 기분이다. 걷고 나면 작은 군살마저 사라진 듯하고, 가슴 깊은 곳에서 열기가 차오른다. 충만한 행복감이 몸과 마음을 감싸며 출근길 발걸음마저 가볍다. 특별한 일을 한 것도 아닌데, 뭔가 해냈다는 이 기분은 무엇일까? 오늘도 꽉 찬 하루를 보낼 수 있을 것 같다.

어제는 부산 대변항에서 해운대, 기장 아웃렛까지 다녀왔다. 아침 일찍 집을 나서며 간단히 준비한 샌드위치와 향긋한 헤이즐넛 커피를 보온병에 담았다. 친구들과의 약속은 따로 없었지만, 우리는 늘 각자의 역할을 자연스레 해낸다. 한 사람은 정성껏 꽃수를 놓은 행주를 선물로 준비했고, 또 다른 이는 새벽에 딴 붉은 복숭아 한 상자를 가져왔다. 청도 휴게소에 잠시 들러 준비한 음식을 나누며 담소를 나눴다. 그 순간, 우리는 이 세상에서 가장 행복한 사람들이었다.

부산 곳곳을 누비며 맛있는 음식도 먹고, 소소한 소비도 즐겼다. 마음속에서 문득 떠올랐다.

"우리가 이렇게 행복해도 되는 걸까?"

마음 한편에서는 이런 평화가 얼마나 지속될지 모른다는 불안감이 스쳤다. 너무 행복하면 그 뒤엔 꼭 빈자리가 생길 것만 같은 묘한 두려움이 나를 잠시 흔들었다.

아침 일상이 주는 기쁨은 여기서 끝나지 않는다. 눈을 뜨자마자 냉수 한 컵을 마시고 훌라후프 500개를 돌린다. 그리고 마음속으로 다짐하며 외친다.

"성공이란 그 사람이 이룬 업적이 아니라, 그가 만난 장애물로 평가된다." (오리스 스웨트 마튼)

남편의 등산 준비를 돕기 위해 새벽 5시에 일어나 도시락을 싼다. 사실 매번 이렇게 일찍 일어나 준비를 하는 일이 쉽지만은 않다. 남편을 위해 당연히 해야 한다고 생각하면서도, 왜 나만 이렇게 더 많은 일을 한 것처럼 느껴질까 하는 생각이 스쳐 지나가곤 한다. 원초아(Id)는 속삭인다.

"너도 너 자신을 위해 쉬어도 돼."

하지만 초자아(Superego)는 그 속삭임을 단호히 거부한다.

"이건 네 책임이야. 가족을 위한 일이잖아."

그 사이에서 자아(Ego)는 어떻게든 균형을 잡으려 애쓴다. 그

럴수록 묘한 불편함이 마음 한쪽에 자리 잡는다.

완두콩을 넣은 밥과 북어구이, 김치, 마늘장아찌로 간단하면서도 든든한 식단을 준비했다. 북어는 찬물에 적셔 물기를 닦아낸 뒤 찹쌀가루를 살짝 묻히고, 만들어 둔 양념장을 발라 노릇하게 구웠다. 마지막으로 양념을 더해 한 번 더 구우니 그럴싸한 반찬이 완성되었다.

보온밥통에는 따뜻한 밥을 담고, 손을 닦을 수 있도록 꼭 짠 행주와 남편이 좋아하는 스테인리스 수저를 함께 넣었다. 간식으로 밤 과자와 얼린 물도 챙겼다. 그리고 남편을 산행 장소까지 태워다 준 뒤 집으로 돌아왔다. 예전에 내가 운전을 못 할 때 남편이 기꺼이 해주던 것들을 떠올리며, 이런 사소한 배려가 내 일상에 감사함을 더한다. 하지만 마음 한편에서는, 내가 늘 더 많이 근무하고 있는 건 아닌가 하는 자잘한 생각이 나를 괜히 삐뚤어지게 만들 때도 있다. 자아는 이런 생각들을 정리하려 애쓰지만, 원초아가 던지는 "왜 항상 네가 더 해야 해?"라는 질문은 쉽게 사라지지 않는다.

이런 생각들을 애써 털어내려 하지만, 나만의 시간이나 여유가 부족하다는 마음이 사라지지 않을 때가 있다. 한편으로는 내가 더 많은 것을 베풀지 못하는 게 아닌지, 혹은 받기만 하는 건 아닌지 자신을 돌아보게 된다. 이 미묘한 마음의 갈등 속에서도 나는 내가 할 수 있는 만큼을 다하려 노력한다.

오늘 남편은 경기도 가평의 높은 산을 찾았다. 경치가 너무 좋다는 남편의 목소리가 전화기 너머로 들려왔다. 하지만 산이 너무 높아 오르내리는 데만 5시간이 걸린다고 했다. 밤 11시 반쯤 대구에 도착할 예정이라며 마중을 부탁했다.

문득 생각했다. 이렇게 단순하고 소박한 하루들이 쌓여 나의 삶을 이룬다는 것을. 친구들과 나눈 웃음, 가족을 위한 작은 정성이 내 삶을 점점 풍요롭게 만든다. 특별한 것이 없더라도, 우리는 이미 충분히 행복할 자격이 있다.

여동생의 자리

 삶은 때때로 한 편의 긴 수필 같다. 시간이 지나야만 문장이 온전히 이해되고, 한 문장 한 문장이 서로를 지탱하며 전체 이야기를 완성한다. 여동생과 나는 18년 9개월을 같은 동네에서 보냈다. 아파트 하나를 사이에 두고, 서로의 삶이 서로의 하루에 스며들었다. 그 시간은 길면서도 짧았다. 늘 곁에 있기에 당연하게 여겼던 시간은, 동생이 서울로 이사하는 날이 되어서야 그 무게를 실감했다.

 막내였던 동생은 생각보다 강인했다. 시숙이 갑작스러운 교통사고로 세상을 떠난 뒤, 동생은 몸이 편찮으신 양 어른을 10년 넘게 모셨다. 나는 그 곁에서 동생을 지켜보았다. 때로는 서로의 무게를 덜어주고, 때로는 함께 버티며 나아갔다. IMF로 인해 동생의 남편, 즉 제부가 사업 부도로 주말부부가 되었을 때도 어린 조카들과 동생이 흔들리지 않도록 우리 부부는 함께 애썼다. 그 시간은 쉽지 않았지만 동생은 늘 환하게 웃으며 "다 괜찮을 거야."라고 말했다. 그 말이 내 마음을 여러 번 다독였다.

동생은 나의 시부모님께도 각별했다. 시어머님은 일곱 며느리가 있었지만, 동생을 가장 편안해하셨다. 공부방에서 커피 한 잔을 마시고 돌아가시는 어머님의 얼굴에는 평온함이 서려 있었다. 동생의 손길은 어머님에게 작은 안식처였다. 어머님이 떠나신 후에도, 동생이 닿았던 자리마다 온기가 남아 있었다.

동생은 그저 동생이 아니라, 삶을 함께 살아가는 동반자였다. 공부방을 운영하던 동생은 입소문을 타고, 학생들이 예비 순번을 기다릴 정도로 바빴다. 동생은 종종 학생들에게 직접 김치를 담가주었고, 그 김치는 명품 김치로 소문이 나 주문까지 받게 되었다. 퇴근 후에는 함께 반찬을 만들며 웃고, 서문시장에서 두 팔 가득 장을 보며 서로 부자가 된 듯 뿌듯해했다. 팥죽에 쌀 대신 새알만 넣어 끓이고, 여름밤 동동주를 나누며 새벽까지 이야기를 나눴다. 그 평범한 날들이 쌓여, 우리는 서로에게 흔들리지 않는 기둥이 되었다.

그러나 삶은 흐르고, 모든 만남에는 이별이 찾아온다. 동생이 서울로 이사하던 날, 나는 창가에 서서 비를 바라보았다. 동생의 아파트 창이 비어가는 것을 지켜보는 동안, 내 마음도 텅 비어갔다. 바람이 불 때마다 들려오는 소리는 동생과 나눈 시간이 남긴 흔적 같았다. 부재는 곧 존재를 증명하는 다른 이름이었다.

그 후에도 우리는 자주 만났다. 같은 코트를 사고, 같은 잠옷을 입으며 아이처럼 웃었다. 그러나 만나는 횟수는 점차 줄어들었다. 동생은 서울에서 삶을 일구었고, 나는 그 자리를 글로 채우기 시작했다.

글을 쓰는 일은 동생과의 시간을 곱씹는 일이었다. 수필집을 출간하고, 나는 어느덧 수필가이자 아동문학가가 되었다. 글이 내 삶을 채우듯, 동생과의 추억은 글로 다시 살아났다. 동생과 함께했던 시간은 흘러갔지만, 글 속에서 그 순간들은 생생하게 머물렀다.

이제 우리는 서로의 아이들을 결혼시키고, 소소한 행복 속에서 할머니로 살아간다. 몸은 멀어졌지만, 마음속에는 여전히 동생의 자리가 남아 있다. 동생이 서울에서 김치를 담그며 손주들을 돌보는 동안, 나는 대구에서 글을 쓴다. 우리는 각자의 자리에서 삶을 가꾸지만, 그 안에는 서로를 향한 깊은 애정이 흐르고 있다.

삶은 바람처럼 스쳐 가지만, 사랑하는 사람과 함께한 시간은 자산이 되어 우리를 지탱한다. 때론 바람처럼 서로를 스치고 흩어지지만, 우리는 늘 서로의 하늘 아래에서 서로의 안녕을 빌고 있다. 언젠가 다시 마주할 날을 꿈꾸며, 나는 글을 통해 동생의 자리를 오래도록 지켜갈 것이다.

거리는 멀어져도 마음에 새겨진 흔적은 절대로 지워지지 않는다. 그것이 우리가 남긴 사랑의 방식이다.

빛을 닮은 엄마

사위는 가끔 내게 말했다.

"어머니는 나이가 드실수록 더 빛이 나요."

그 말은 마치 저녁 하늘에 걸린 달빛 같았다. 밝고 눈부시진 않아도, 고요하게 주변을 감싸는 은은한 빛. 나는 나이가 들면서 서서히 저물어가는 줄만 알았는데, 사위의 말은 내가 여전히 누군가의 밤을 밝혀줄 수 있는 존재임을 깨닫게 했다.

딸의 아픔을 마주했던 지난봄, 나는 그 빛이 더 필요했다. 피주머니를 달고 힘겹게 일상을 버티는 딸 곁에 있으면서, 무언가 해줄 수 있는 일이 있다는 것이 참 다행이었다. 김치를 담그고, 집을 정리하고, 가벼운 손길로 딸의 어깨를 쓰다듬는 일. 그것들은 거창하지 않았지만, 밤하늘의 별처럼 하나하나 작은 위로가 되기를 바랐다.

비행기에서 내려 딸의 집에 도착한 첫날, 나는 가장 먼저 김치를 담갔다. 미국에서는 절인 배추를 구할 수 없어 커다란 김장 대야를 꺼내고, 배추를 소금물에 적시며 뒤집기를 반복했다. 찹쌀 풀을 끓이고, 생새우를 다져 고춧가루와 버무리며 속을 만들었다. 사위는 주방을 서성이며 그 과정을 지켜보았다.

"어머니가 만든 김치는 세상에서 제일 맛있어요."

그의 말은 마치 새벽녘에 내리는 이슬처럼 마음을 촉촉하게 적셨다. 나는 그날, 열무김치와 파김치까지 담갔다. 사위는 그런 나를 보며, 마치 보석을 바라보듯 했다. 그 말이 참 고마웠다. 아마도 사위는 내가 김치를 담그는 모습을 통해, 딸을 향한 내 깊은 사랑을 보았던 것 같다.

그날 이후로 딸과 나는 매일 산책하러 나갔다. 맛집을 찾아다니고, 마트에서 장을 보며 손을 꼭 잡았다. 병원 치료를 받으러 갈 때도 함께였다. 딸은 내 이름을 자주 불렀고, 나는 딸의 이름을 수없이 불렀다. 그렇게 우리는 서로를 부르며 마음을 채웠다.

주말이면 온 가족이 함께 여행을 떠났다. 나이아가라 폭포에서는 물보라를 맞으며 웃었고, 퀘벡의 성곽에서는 아이들과 손을 잡고 맨발로 거리를 걸었다. 발바닥에 전해지는 차가운 돌바닥의 감촉이 생생했다.

사위는 늘 내 옆에서 나를 도와주었다.

"어머니, 덕분에 집이 따뜻해요. 어머니가 계셔서 더 밝아졌어요."

그 말에 나는 빛이 났다. 하지만 나는 알고 있었다. 내가 빛나는 것은, 그들의 사랑이 나를 비추고 있기 때문이라는 것을. 나는 그저 그 빛을 받아 다시 되돌려줄 뿐이었다.

며칠 전, 딸이 여행지에서 사진을 보내왔다.

"엄마, 우리 지금 영국이에요! 다음 주엔 포르투갈로 가요."

화면 속에는 딸과 사위, 그리고 두 손자가 활짝 웃고 있었다. 넓게 펼쳐진 영국의 들판에서 뛰노는 아이들, 노을 지는 바다를 배경으로 서 있는 딸과 사위. 그 모습이 그렇게 환할 수 없었다. 20일 동안 두 나라를 여행하며 그들은 아픔 대신 설렘을, 걱정 대신 행복을 누리고 있었다. 딸의 얼굴에는 오랜만에 여유가 깃들었고, 사위의 눈빛에는 가족을 향한 사랑이 가득했다. 두 손자는 생기 넘치는 얼굴로 사진마다 장난기 가득한 표정을 짓고 있었다.

나는 그 사진을 몇 번이고 들여다보았다. 딸의 건강을 되찾기 위해 함께했던 시간이 떠올랐다. 병원으로 향하던 길, 치료가 끝나고 둘이서 들르던 작은 카페, 손잡고 걷던 공원길. 그 모든 순간이 지금 이 행복한 사진 한 장으로 이어져 있다는 생각에 가슴이 뜨거워졌다.

사위는 내가 담근 김치를 들고 여러 번 친구 집에 초대받았다. 그리고 이렇게 말했다.

"어머니의 김치 덕분에 저희가 더 많은 사랑을 받고 있어요."

나는 그 말을 들으며 웃었다. 김치는 단순한 음식이 아니라, 사랑을 담아 전하는 하나의 빛이었다. 철학자 니체는 "우리를 죽이지 못하는 고통은 우리를 더욱 강하게 만든다."고 말했다. 하지만 나는 생각한다.

"고통을 이겨내는 것은 강함이 아니라, 사랑이다."

사랑은 상처를 감싸고, 아픈 자리에 빛을 비춘다. 그리고 그 빛은 또 다른 누군가에게 흘러간다.

여행에서 돌아온 후, 나는 딸과 사위에게 저녁을 차려주었다. 사위는 여전히 김치를 맛보며 감탄했다. 사위의 말이 나를 다시 환하게 밝혔다.

"이 김치는 정말 예술이에요."

나이가 들어도 누군가에게 빛이 될 수 있다는 것은 참으로 감사한 일이다. 나는 앞으로도 딸과 사위, 그리고 손주들에게 빛이 되고 싶다. 그들의 삶 속에서 오래도록 빛나는 달빛 같은 존재로 남기를 바란다.

인생은 저물어가는 것이 아니라, 사랑하는 이들에게 빛을 물려주는 과정이다. 그 빛이 닿는 곳마다 우리는 서로를 더 깊이 사랑하게 된다.

두 번째 기회

햇살이 스며든 거리에서 발걸음을 옮기는데, 자꾸만 휘청거렸다. 평소와 다른 감각. 마음속에서 불길한 예감이 스쳐 갔다. 병원을 찾았을 때, 의사는 깊고 진지한 눈빛으로 말했다.

"MRI를 찍어봅시다."

짧고 단호한 목소리가 귓가를 울렸다. 그리고 곧 이어진 결과는 생각보다 더 무거웠다.

"수술을 바로 하지 않으면 하반신 마비가 올 수 있습니다."

삶이 순간 얼어붙었다. 머릿속이 하얘졌다. 척추신경이 심하게 눌려 있었고, 네 개의 쇠를 척추에 박아야 했다. 응급 수술이 결정되었고, 받아들일 시간도 없이 수술대 위에 올랐다.

수술 전날 밤, 창밖으로 달빛이 스며들었다. 이 어둠 속에서 나에게도 다시 아침이 찾아올까. 실낱같은 희망을 붙잡고 의사에게 물었다.

"선생님이라면 어떤 선택을 하시겠어요?"

의사는 잠시 침묵하더니 조용히 말했다.

"무통 장치를 사용하지 않으면 정상에 가깝게 생활할 수 있습니다."

나는 희망을 택했다. 하지만 그 길이 이토록 험난할 줄은 몰랐다. 수술 후 찾아온 고통은 날카롭고 깊었다. 한 치도 움직일 수 없었다. 마치 내 몸이 돌덩이처럼 무거워진 기분이었다. 웃음을 지으려 애썼지만, 눈물은 멈추지 않았다. 그 순간 깨달았다. 사람은 걷지 못할 때 비로소 걸을 수 있다는 것이 얼마나 큰 축복인지 알게 된다.

나는 가족에게 이 모습을 보이고 싶지 않아 남편에게 부탁했다.

"일주일간 병문안을 받지 않게 해줘."

침대 위에서의 시간은 끝이 없을 것만 같았다. 사람은 움직일 수 없을 때 시간이 얼마나 잔인한 존재인지 깨닫는다. 부기가 빠진 후에도 석고로 만든 등받이에 의지해야만 겨우 움직일 수 있었다. 그리고 마침내 13일 만에 퇴원했다.

하지만 집으로 돌아오는 길, 나는 걸을 수 없었다. 차에 옆으로 누운 채 창밖을 바라보았다. 풍경은 빠르게 스쳐 지나가는데, 내 시간만 멈춰 있는 기분이었다.

그때, 어머니가 나를 기다리고 계셨다. 어머니의 손길은 따뜻한 봄바람 같았다. 내가 한 걸음도 뗄 수 없을 때, 어머니는 나의 다리가 되어주셨다. 입맛을 잃은 내게 작은 숟가락으로 밥을 떠먹여 주셨고, 열흘이 지나자 나를 부축하며 말했다.

"조금이라도 걸어보자."

그렇게 한 걸음, 한 걸음. 나는 다시 태어난 듯 걷기 연습을 했다. 다리와 허리를 주무르지 않으면 전기로 지지는 듯한 아픔이 몰려왔다. 하지만 나는 걸었다. 비록 느리고 서툴러도, 그 한 걸음이 나를 앞으로 나아가게 한다고 믿었다. 그리고 그때 깨달았다. 인생도 이와 같다는 것을. 넘어졌다고 주저앉아 있으면 다시 일어설 기회조차 사라져 버린다. 고통이 찾아올 때, 포기하는 대신 한 걸음 내디딜 수 있다면 우리는 다시 살아갈 수 있다.

회복이 조금씩 이루어지자, 나는 새로운 도전을 꿈꾸기 시작했다. 공인중개사 학원에 등록하고, 문제집을 샀다. 책을 품에 안은 손끝에서 작은 희망이 움텄다. 하루 8시간 강의를 듣고, 밤에는 문제집을 풀었다. 마치 다시 걷기 위해 연습하던 그때처럼.

시험에서는 일부 과목만 합격했다. 하지만 포기하지 않았다. 그리고 마침내 정관장을 운영할 기회가 찾아왔다. 망설였지만, 이번에는 놓치고 싶지 않았다. 완전히 회복되지 않은 몸으로 일하고, 집안일까지 해내는 것은 쉽지 않았다. 하지만 나는 끝까지 버텼다.

어머니는 쇠약해지셨지만 여전히 나를 지켜주셨다. 아버님도 다정한 눈빛으로 우리 곁을 지켜주셨다. 그러나 결국 어머니는 16년 전 가을, 노을처럼 아름답게 하늘로 떠나셨다. 그리고 4년 후, 아버님도 병고와 외로움 속에서 먼 길을 떠나셨다. 그렇게 나는 또 한 번의 이별을 견뎌냈다. 하지만 삶은 계속되었다.

정관장을 운영한 지도 이제 21년이 되었다. 남편과 함께 운영하며 더 큰 책임감을 느꼈다. 돌아보면, 고통스러웠던 시간은 한 폭의 수채화처럼 희미하지만 따뜻하다. 그 아픔은 새로운 도전의 불씨가 되었다. 남편과 나는 서로를 더 깊이 이해하며 함께 성장해 왔다.

어느 날 문득 이런 생각이 들었다. 만약 그날 병원에 가지 않았다면, 내 인생은 어땠을까? 만약 수술 후 포기했다면, 나는 다시 걸을 수 있었을까? 모든 것이 우연처럼 보이지만, 어쩌면 삶은 우리가 넘어질 때마다 새로운 길을 열어주는지도 모른다.

그리고 이제, 나는 깨닫는다. 인생은 주어진 것이 아니라, 다시 일어설 때 새롭게 만들어진다는 것을. 고통은 끝이 아니라, 새로운 시작의 불씨라는 것을. 두 번째 기회는 기다리는 것이 아니라, 스스로 만들어가는 것이라는 것을.

남은 인생을 남편에게 선물하고 싶다. 사소한 기쁨들이 우리의 길을 빛낸다. 비록 울퉁불퉁한 길이지만, 그 길 위에서 희망을 찾는다. 지금, 이 순간 내 삶이 참 소중하다는 것을 느낀다.

비가 내려준 설렘의 길

비가 오는 날이면 나는 묘한 설렘을 느낀다. 뭔가 새로운 것을 하고 싶고, 옷 색깔도 더 로맨틱한 색을 고른다. 초등학교 1학년 어느 날, 우리 집은 대구에서 살다가 아버지가 직장을 부산으로 옮기면서 이산가족이 되었다. 아버지는 하숙하시고, 엄마는 나와 남동생 둘을 데리고 외가가 있는 시골에서 살게 되었다. 입학한 지 한 달 남짓 된 시점이었다.

엄마가 졸업한 학교에, 엄마의 담임선생님이 세월이 흘러 교장선생님으로 계셨다. 비 오는 아침, 외할머니와 외숙모님, 엄마와 나 넷이 학교로 갔다. 집안에서 처음 학교에 보내는 경사스러운 날이었다. 시골에는 비가 오면 길엔 온통 붉은 살의 지렁이들이 길을 장식했다. 그 지렁이 때문에 혼자 학교에 가거나 집 밖에 나갈 수 없었다. 언제나 외할머니와 함께 다니곤 했다. 겁이 나면서도 외할머니만 옆에 계시면 지렁이가 어디로 가는지 너무 궁금해서 따라가 보았다.

지렁이는 항상 들풀 속으로 쏙 들어가 버렸다. 뭘 먹고 사는지 무척 궁금했지만, 아는 사람이 아무도 없었다. 비를 보면 옛날 일이 주마등처럼 지나간다. 40년도 넘게 흘러온 세월을 내 앞에 아무런 준비 없이 내려놓고 간 것이다.

어느 봄날의 비는 나를 가슴 막혔던 시절로 되돌려 놓았다. 그때의 비는 마치 눈물도 사치일 만큼 아프게 지나쳐 갔다. 그땐 왜 그리도 봄비가 자주 내렸는지, 드물게 맑은 날 겨우 빨랫감을 말릴 수 있던 봄이었다.

8년 전 여름날, 아들과 함께한 병원 여행은 빗속을 달리는 KTX 차창을 바라보면서도 슬프지 않았다. 왠지 3일 정도 여행을 떠나온 것 같은 그런 기분이 들었다. 그때의 현실과는 전혀 어울리지 않았던 내 마음.

수술하는 시간 동안, 비 내리는 영국의 성당에서 바오로 2세 교황님이 나를 영접하여 성당으로 들어갔다. 앞줄에 앉은 한국인 교포들에게 일일이 악수를 시켜주셨다. 미사를 마친 후, 15계단쯤 되어 보이는 곳으로 올라갔다. 청년부 성가대가 있는 곳이었다. 이어서 화려하지 않지만, 조촐한 다과가 있었다. 그곳을 지나 수목원 가는 넓은 꽃 터널을 교황님과 함께 끝없이 걸어 나오면서 너무나 아름다운 꽃과 나무들이 많았다. 교황님은 일일이 설명을 해주셨다. 즐거움에 취해 깨어보니 수술 동안 꾼 꿈이었다. 아픔도 잊은 채 비 오는 밖 풍경이 너무나 아름답게 보였다. 지금 생각해도 참 신기한 일이었다.

어느 날은 전날에도 방문했던, 중국에서 출장 온 아가씨가 다시 찾아왔다. 한국에 와서 만난 사람들 중에 가장 친절한 분이라며 기념사진을 찍자고 했다. 뜻밖의 일에 황홀해서 갖가지 자세를 취하며 사진을 찍었다. 중국에 돌아가서 내 홈페이지에 넣어주겠다고 약속했다. 다음 날은 미국으로 출장을 간다기에, 우리 사위가 미국인이라고 사진을 보여줬다. 갑자기 세계가 한 가족이 된 듯한 뿌듯함으로 가득 차올랐다.

서툰 하모니카 실력을 발휘하여 최진희의 〈카페에서〉, 〈울어라, 열풍아!〉 등 몇 곡을 불어줬더니, 계속 한 곡 더 불어 달라며 졸랐다. 신바람이 나서 두 곡을 더 불어주고 보냈다. 잠시 인연인데도 참 서운한 느낌이 들었다. 아가씨들도 가면서 연신 손을 흔들며 아쉬워했다.

비는 참 많은 추억을 만들어줬다. 나의 삶에도 저 비처럼 가뭄에는 단비를, 식물에는 생명을, 우리 몸엔 생명수를, 아스팔트에는 청소를, 내 마음속에는 아련한 추억을, 희망을, 도전과 설렘을 주는 비의 넉넉함과 아래로 흘러가는 순리를 배워서, 남은 삶이 얼마일지는 알 수 없지만, 지금처럼 질척임보다는 설렘을 더 느끼고 싶다.

비가 내리는 길은 언제나 우리를 새로운 곳으로 인도한다. 그 길은 직선이 아니라 때로는 굴곡지고, 때로는 울퉁불퉁하다. 하지만 그 길 끝에서 우리는 새로운 발견과 함께 자신을 만나게 된다. 비가 내려준 설렘은 바로 그 길을 걸어가는 동안 내면의 평화와 치유를 가져다준다. 비가 지나면 새로운 시작이 오듯, 우리의 삶도 때때로 아픔과 설렘이 교차하며, 그 속에서 성장해 나간다. 비는 단순히 물방울이 아니라, 우리 마음속 깊은 곳까지 스며들어 우리가 누구인지를 묻게 만든다. 우리가 느끼는 설렘은 비가 내려준, 우리 내면의 성장과 치유의 길이 아닐까.

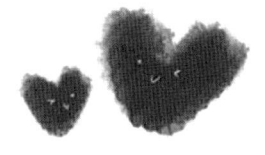

4부
때로는 차선을 선택한다

소소한 루틴

미국 대통령 취임식을 보았다. 웅장한 단상, 열렬히 환호하는 군중, 그리고 새로운 비전을 제시하는 연설. 그는 나라를 다시 위대하게 만들겠다고 외쳤고, 세계는 그의 말에 주목했다. 하지만 그 웅장함 속에서도 묘한 아이러니를 느꼈다. 미국이라는 초강대국마저도 한 사람이 모든 것을 바꿀 수 없다는 사실, 끊임없는 갈등과 타협 속에서 흔들리며 앞으로 나아가야 한다는 현실 때문이다.

그런데 그 혼란의 풍경이 꼭 남의 일처럼 느껴지지는 않았다. 현재 우리나라는 전례 없는 정치적 소용돌이에 휘말려 있다. 대통령이 헌법재판소에 직접 출석하고, 거리는 지지자들의 함성과 대립으로 가득 찼다. 매스컴은 매일 충격적인 사건을 쏟아내며 민심의 파동을 증폭시키고, 나라 전체가 어디로 향할지 모르는 불안감 속에 빠져 있다.

세상은 늘 이렇게 복잡하고 혼란스러워 보인다. 하지만 나는 그럴 때일수록 "내가 할 수 있는 것에 마음을 쏟아라."고 한 철학자 에픽테토스의 말을 떠올린다.

내가 정치와 경제를 직접 움직일 수는 없지만, 내가 서 있는 자리에서 오늘 하루를 살아가는 방식은 스스로 선택할 수 있다. 혼란스러운 세상 속에서도 매일 반복하는 소소한 루틴은 중심을 잡게 해준다.

아침이면 맨발로 산책하러 나가서 차가운 공기를 마시며 하루를 시작한다. 가족을 위해 정성껏 식사를 준비하고, 따뜻한 대화와 웃음을 나눈다. 불경기라는 파도 속에서도 이러한 평범한 일상이야말로 나와 가족을 지탱해 주는 가장 강력한 힘임을 느낀다.

미국 대통령은 국가의 미래를 설계하고, 우리나라는 정치적 혼란 속에서 방향을 찾아가고 있지만, 나는 내 자리에서 내가 지켜야 할 작은 '국정'을 수행한다. 내 하루를 계획하고, 내가 사랑하는 사람들을 위한 최선을 선택한다. 아이러니하게도, 세상의 거대한 흐름을 바꾸는 것은 거창한 연설이나 계획이 아니라, 이렇게 평범한 사람들이 각자의 삶에서 최선을 다하는 데서 시작될지도 모른다.

우리나라의 현재 상황은 혼란스럽지만, 그 속에서도 나는 깨닫는다. 내가 할 수 없는 것을 걱정하는 대신, 내가 할 수 있는 일을 성실히 해내는 것. 그것이 내가 이 세상을 살아가는 방식이며, 나만의 작은 연설이자 약속이다.

    미국 대통령의 취임식과 우리나라의 격동적인 상황을 바라보며 다시 한번 다짐한다. 거대한 변화는 내 통제 밖에 있지만, 내 삶의 중심은 내가 만들 수 있다는 것을. 오늘도 나는 내가 지켜야 할 자리에서 하루를 살아간다. 작은 평범함 속에 숨겨진 위대한 힘을 믿으며, 내 삶의 국정을 성실히 수행한다.

변화는 영원하다

출근길 라디오에서 들려온 뉴스가 온 세계를 흔들고 있었다. 중국의 한 소기업이 DeepSeek-V3 기술을 개발하며, AI 칩 분야에서 선두를 달리던 NVIDIA 주가가 하루 만에 16.97% 폭락했다는 소식이었다. 우리나라에서 고공행진 중이던 삼성전자와 SK하이닉스 역시 새로운 전략을 고심하고 있다는 말이 뒤따랐다. 첨단산업의 미래와 그 속에서 우리나라가 겪게 될 변화를 생각하니 문득 마음이 복잡해졌다.

도시의 하늘은 아침부터 종잡을 수 없었다. 파랗던 하늘은 이내 구름에 덮이고, 다시 맑아지다 또 흐려졌다. 도로 위에서는 잔바람이 야윈 낙엽들을 휘젓고 다녔다. 일부 낙엽은 찬바람과 눈바람에 이리저리 휩쓸려 길가에 내팽개쳐지거나, 달리는 차 밑으로 들어가 박살 나고 말았다. 이런 풍경을 보며, 경제의 변화도 어쩌면 이 낙엽과 같지 않을까 생각이 들었다. 거대한 바람에 휩쓸리다 보면, 방향을 잃고 흔들리거나 부서질 수밖에 없는 것처럼 말이다.

미국 대통령 도널드 트럼프가 대중국 규제를 강화할 것이라는 예측도 이어졌다. 이에 따라 국내 반도체 수출이 타격을 받을 수 있다고 우려하는 가운데, 나는 한편으로 나 자신을 돌아보았다. 이제 70대에 들어선 세대의 한 사람으로서, 운전하고, 글을 쓰고, 작지만, 사업을 이어가며 살아가는 내 삶에도 이 경제의 바람은 어떤 영향을 미치게 될까?

생각해 보면, 세계의 어느 한구석에서라도 바람이 불면, 그 영향은 순식간에 우리 일상 속으로 스며든다. 그러나 중요한 것은 그 바람에 휩쓸리느냐, 아니면 그 안에서 중심을 잡느냐의 차이다. 중심을 잡기 위해 가장 필요한 것은 준비된 마음가짐과 꾸준한 배움이다.

삶을 돌아보면, 우리는 때때로 거대한 변화 앞에서 한없이 작아 보인다. 그러나 진정한 힘은 크고 화려한 것이 아니라, 눈에 보이지 않는 잔근육처럼 숨어 있다. 잔근육이 눈에 띄지 않지만 몸의 균형과 힘을 지탱하듯, 삶의 작은 배움과 사유, 그리고 꾸준히 쌓아 올린 경험은 위기의 순간에 우리를 흔들리지 않게 한다.

철학자 헤라클레이토스는 "변화는 영원하다."라고 말했다.

세상은 끊임없이 흐르고, 그 속에서 우리는 불안정한 존재처럼 느껴진다. 하지만 변화의 바다에 몸을 맡기면서도 자신의 중심을 잡을 수 있는 사람이야말로 삶의 진정한 주체다. 변화는 우리를 휘젓기도 하지만, 그 안에서 성찰하고 배우며 적응하는 이에게는 새로운 가능성을 열어 준다.

    삶의 모든 것은 연결되어 있다. 경제의 바람, 기술의 발전, 자연의 변화, 그리고 그 속에서 살아가는 우리의 선택들까지도. 큰 세상의 흐름 속에서 개인이 할 수 있는 일은 작아 보이지만, 그 작음이 결국 세상을 변화시킨다. 우리 몸의 잔근육이 움직임의 기초를 만들어내듯, 삶에서 사소하게 보이는 것들이 오히려 삶을 지탱하는 가장 중요한 힘이 된다.

    나는 오늘도 마음속으로 다짐한다. 배우기를 멈추지 않고, 사소한 것부터 잘 챙기자고. 변화는 두려움이 아니라 가능성의 다른 이름이다. 작은 배움, 사소한 노력이 모여 거대한 바람 속에서도 흔들리지 않는 나만의 길을 만들어 갈 것이다. 그렇게 우리는 세계라는 거대한 흐름 속에서도 자신의 방향을 만들어 갈 수 있다.

일요일에도 할 일이 있다

　일요일 아침, 남편은 대둔산 겨울 산행을 떠났다. 새벽 5시에 일어나 도시락을 준비해 주고, 매섭게 추운 날씨를 고려해 여름에 말려두었던 옥수수염차를 보온병에 담았다. 커피도 여러 개의 캡슐을 내려 과일과 간식까지 챙겨서 버스가 오는 곳까지 데려다주었다.

　남편을 배웅한 뒤 집에 돌아와 잠깐 눈을 붙였지만, 깜빡 잠이 들어버려 성당 미사참례는 놓쳤다. 저녁 미사에 가야겠다며 다시 일어나 근무를 준비했다.

　헤이즐넛 커피를 약간 진하게 내려 보온병에 넣으며, 음식물 쓰레기를 버리려고 검정 비닐봉지를 들고 엘리베이터에 탔다. 그 순간, 엘리베이터에서 몇몇 주민과 마주쳤다. "일요일도 근무해요?"라는 질문에, 기분 좋게 그렇다고 대답했지만, 그 질문은 왠지 마음 한구석을 무겁게 만들었다. 작은 일상이지만, 그 순간의 기분은 가라앉았다.

  차를 몰고 집으로 돌아오는 길, 어제 여고 동창들과 친구 딸 결혼식에 갔다가 친구가 건네준 찻값으로 본 영화가 생각났다. 정우성, 김하늘 주연의 영화〈나를 잊지 말아요〉는 빠르게 변해가는 시간 속에서 기억을 잃어버린 한 남자의 이야기였다. 상처와 추억을 잃고 새로운 사랑을 만난 그 남자는, 자신이 지울 수 없었던 기억 속의 감정들에 대해 되묻고 있었다.

  그 영화 속 주인공 석권(정우성)은 과거의 기억을 지우고, 일상에 묻혀 살던 감정을 회복하려 한다. 감정이 사라진 사람에게 사랑과 기억이 얼마나 소중한 것인지, 다시 느끼게 된다. 이 이야기는 내 일상에서 사라진 작은 기억을 다시 되돌아볼 힘을 주었다. 시간이 지나면 모든 게 지나가고, 결국 돌이킬 수 없는 추억이 되기에 우리는 그 작은 순간들을 놓치지 않게 된다.

  영화를 본 이후로, 일상에서 작은 기쁨을 찾는 법을 다시 배웠다. '일요일도 없다'에서 '일요일에도 할 일이 있다'로 생각을 바꾸기로 했다. 내 나이 70을 넘기며, 일을 갖고 바쁘게 살 수 있다는 것은 그 자체로 큰 축복이다. 그리고 무엇보다 건강하게, 나만의 삶을 즐기며 살아간다는 것은 정말로 큰 행운이다.

  이날처럼 사소한 일들이 지나가면 돌이킬 수 없는 추억이 된다. 그 속에서 나는 아리스토텔레스의 말을 떠올린다.

"우리는 우리가 반복적으로 하는 것에 의해 만들어진다. 그러므로 탁월함은 결코 한 번의 행동이 아니라, 반복적인 행동이다."

내가 매일 반복하는 일상에서, 진정한 탁월함은 작은 순간들을 소중히 여기는 일에서 비롯된다는 것을 깨닫는다. 지금, 이 순간의 소소한 일들이 결국 나의 삶을 만들어 가고 있음을, 그 의미를 되새기며 살아간다.

가벼워지기

♥

집을 나선다. 숲길에 있을 때가 마음이 가볍다. 이 가벼움을 온전히 가지려고 애쓴다. 나올 때 딸랑 휴대전화와 신주머니 하나면 충분하다. 이런 기분을 가지려면 준비가 필요하다. 집이 정리가 된 상태라야 마음껏 즐거움을 맛볼 수 있다.

매일 꼭 하는, 우선순위가 높은 일이다. 걷는 것은 단순히 맨발을 땅에 닿게 하는 일에 한정되지 않는다. 한참을 걸으면 나도 모르게 머리가 말개지고 저절로 나와의 솔직한 대화가 시작된다. 하고 싶은 일, 꼭 해야 하는 일, 해도 되고 안 해도 그만인 일들이 가지런히 떠오른다.

우리 집에 이사 온 지 30년이 되었다. 10년 주기로 한 번씩 수리를 해왔지만, 이번에는 사정이 좀 다르다. 시부모님도 다 하늘나라로 가신 지 오래되었고, 딸과 아들은 각자의 삶을 꾸려가며 독립했다. 이제 남은 것은 둘만의 집이다. 쉽게 생각할 일이 아니다. 인생 후반선을 맞이하면서, 남은 시간을 어떻게 보낼 것인지에 대한 구체적인 계획을 세워야 한다.

이 문제는 혼자서는 어려운 일이다. 따로 또 같이 해야 하는 일들이 있다. 제일 먼저 집을 정리하기로 했다. 향후 얼마나 살 수 있을지 모르지만, 이번이 마지막 황금기일지도 모른다고 생각하며 시작했다. 정리 전문가를 찾아내어 생각이 잘 맞는 사람을 섭외했다. 일주일 후 진행을 약속하고, 남편에게 의견을 물었다. 그는 쉽게 수용했다. "비용을 확 줄였으니 괜찮겠다."라며 동의했다. 때로는 선의의 하얀 거짓말도 신의 한 수가 될 수 있다.

정리하는 날, 건장한 남자 두 명과 여성 다섯 명이 방문해 아침 9시부터 오후 6시까지 정리를 마치기로 했다. 물건을 분류하는 것은 내가 맡았고, 일은 전문가들이 각자 맡아 했다. 베란다, 거실, 주방, 큰방, 작은방, 욕실까지, 그리고 그들의 위치까지 바꿨다. 집이 가벼워졌고, 마음도 가벼워졌다.

이렇게 하고 나니 새로운 욕심이 생겼다. 이번에는 실내 장식을 새로 하고, 신혼처럼 한번 살아보고 싶어졌다. 그것도 쉬운 일은 아니었다. 그러나 마음을 두니 점점 구체화하기 시작했다. 이런 작은 변화들이 인생 후반전을 어떻게 살아갈 것인가에 대한 깊은 철학적 고민을 불러일으켰다.

우리가 여유롭게 살 수 있는 시간은 그리 많지 않다. 현재가 가장 활발하게 직업과 취미를 할 수 있는 시간이니, 한시라도 빨리 해두어야 우리의 행복을 놓치지 않을 것이다. 그런데도 남편은 큰일이라 생각하며 신중히 결정해야 한다고 했다. 나는 구체적인 계획을 남편에게 보여주며 한 발짝씩 다가갔다. 버릴 것, 살 것, 고칠 것을 빼곡히 적어 보여주었고, 남편은 그것만 보고도 머리가 아프다며 알아서 하라고 했다. 승낙을 받는 데 큰 어려움은 없었다.

이제 집을 통째로 비우고 한 달 동안 수리하는 일이 시작되었다. 남들은 딸이나 며느리와 의논한다지만, 나는 그럴 형편이 아니었다. 모든 일을 인터넷으로 조사하고 후기도 읽어보며 직접 품목을 결정했다. 자재는 내가 직접 사며 품질과 가격을 비교했다. 최종 구매 시점에서는 확실히 요령이 생겼다. 가전은 가전대로, 가구는 가구대로 백화점과 전문점을 다니며 세심하게 고른 결과, 경험을 통해 무엇이 진정으로 필요한지에 대한 눈이 생겼다.

이런 물리적 변화는 단순한 집 꾸미기만이 아니다. 시간의 상대성을 깊이 느꼈다. 시간이 지나면서 우리가 할 수 있는 일이 줄어들 것이라는 현실을 직시했다. 그렇다면 이제 남은 시간을 어떻게 보낼 것인가? '시간이 나를 이끌어간다' 라는 생각을 넘어서, '내가 시간을 이끌어가야 한다' 라는 교훈을 얻었다. 변화는 두려운 것이 아니라, 더 나은 삶을 위한 필수적인 과정임을 깨날았다.

집을 정리하고 새로운 환경을 만드는 과정에서, 존재의 의미도 다시 돌아보았다. 물건들을 정리하며 '이것이 내 삶의 일부인가?' 라는 질문을 던지며, 존재의 진정성을 추구하는 시간이었다. 삶에서 무엇이 중요한지, 무엇이 필요하지 않은지 분명히 구분할 수 있게 되었다.

마지막으로, '소박한 행복'을 찾는 일이 얼마나 중요한지 깨달았다. 행복은 단지 물질적 풍요에서 오는 것이 아니라, 소소한 일상에서 느끼는 기쁨 속에 있음을 알게 되었다. 남편과 함께하는 작은 순간들이 소중한 것이었다. "우리는 얼마나 적은 것에 만족할 수 있는가?"는 질문에 대한 답은, 바로 여기, 지금이 아닐까.

가벼워진 집, 깊어진 삶. 그 안에서 나는 무엇을 남길 것인지, 무엇을 잃을 것인지, 그리고 무엇을 소중히 여길 것인지를 되새기며, 인생의 후반전을 살아간다. 가벼운 짐을 지고, 깊은 마음을 품고, 매일을 진심으로 살아가며, 이 여정의 끝에서 또 다른 시작을 맞이할 준비가 되어 있다. 끝이 아닌 새로운 출발로 나아가는 것이다.

변화는 나로부터

텔레비전 화면 속에 가수 정동하가 검은색 한복에 흰 동정 두루마기를 입고 태극기 앞에 서 있다. 그는 〈8호 감방의 노래〉를 부르고 있다. 처연한 목소리가 울려 퍼질 때, 마치 1919년 서대문형무소 여옥사의 차가운 감방에 서 있는 듯한 기분이 들었다.

거친 벽 사이로 스며든 겨울바람, 어둠 속에서 서로를 부둥켜안고 희망을 놓지 않았던 이들의 떨리는 숨결, 눈물과 절망을 삼키며 부르던 노래가 귓가에 맴도는 듯했다. 감옥에서 피눈물을 흘리며 대한의 독립을 염원했던 이들의 목소리가 시간과 공간을 넘어 지금, 이 순간 가슴을 울렸.

노래가 끝나고도 한동안 자리에서 움직일 수 없었다. 이 땅을 피로 지켜낸 선조들의 희생 앞에서 나는 어떤 마음가짐으로 살아야 할까. 그저 먹고, 자고, 하루를 보내는 것으로 충분한 삶이 될 수 있을까. 깊은 생각에 잠겼다.

그 물음은 곧 내 삶의 가장 가까운 곳, 가정에서부터 변화를 시작해야 한다는 깨달음으로 이어졌다. 누군가를 변화시키려 하기 전에 내가 먼저 변해야 한다는 것. 누군가에게 좋은 사람이 되라고 말하기 전에 내가 먼저 그런 사람이 되어야 한다는 것. 말과 행동이 달라지지 않으면, 세상도 그대로일 수밖에 없다.

남편은 46년 전 '성격 개조 프로그램'이라는 교육을 받았다. 요즘으로 치면 지도력 교육과 비슷한 것이었다. 그는 1년 동안 그 배움을 실천하며 삶의 태도를 바꿔 나갔다. 단단하게 굳어진 흙덩이가 서서히 부드러워지듯, 그의 말과 행동도 점차 변화했다. 당시엔 단순한 배움처럼 보였지만, 그 시간이 우리 가정의 삶의 지침이 되었다. 작은 말투 하나, 하루를 대하는 태도 하나가 달라질 때, 변화는 서서히 삶의 방향을 바꾸는 힘이 되었다.

그 변화는 우리 부부만의 이야기가 아니었다. 시아버님 역시 대구 향교에서 '참가정 참부부'라는 교육을 받으셨다. 그 가르침은 단순한 교훈이 아니라, 삶 속에서 실천으로 이어졌다. 가장 인상 깊었던 장면은 늘 아버님이 정성껏 타 주시는 커피였다. 아침마다 커피잔을 손에 들고 앉아 있던 어머님의 얼굴에는 늘 잔잔한 미소가 피어 있었다. "평생을 같이 산 남편이 나를 어머니처럼 대해 준다."라고 흐뭇해하시던 모습이 아직도 생생하다. 따뜻한 커피 한 잔 속에는 단순한 습관이 아니라, 오랜 세월을 함께 걸어온 부부의 마음이 담겨 있었다. 사랑이란 결국, 크고 거창한 것이 아니라 매일의 작은 행동 속에서 스며드는 것이 아닐까.

우리 아이들도 성장하면서 자연스럽게 이러한 가치를 배워갔다. 자녀들이 직장에 들어가고, 경북대학교에서 지도력 교육을 받았다. 그들은 책을 읽고 감동한 부분을 발표하고, 본인이 실천할 방법을 고민했다. 실천이 어렵다면 어떻게 하면 가능할지를 함께 토론하며, 실천 사례를 공유했다. 변화는 단순한 결심이 아니라, 꾸준한 연습이라는 것을 배워나갔다.

돌아보면, 가장 먼저 변해야 했던 것은 나 자신이었다. 세상을 탓하고 사회를 비판하는 것은 누구나 할 수 있다. 하지만 내가 변해야 가정이 변하고, 가정이 변해야 사회가 변한다. 내가 내딛는 발걸음, 내가 건네는 말, 내가 바라보는 시선이 달라지지 않으면 세상도 그대로일 수밖에 없다. 변화는 남이 아닌, 바로 나의 선택에서 시작된다.

변화는 결코 거창한 것이 아니다. 그것은 거대한 혁명이 아니라, 일상 속 작은 습관 하나에서 비롯된다. 말하는 방식을 바꾸는 것, "이건 틀렸어."라고 단정 짓는 대신, "이렇게 하면 더 좋지 않을까?"라고 말하는 것. 가족에게, 주변 사람들에게 따뜻한 말 한마디를 건네는 것. 상대를 인정해 주는 작은 행동이 쌓일 때, 그것이 더 나은 가정을, 더 나은 사회를 만든다.

오늘도 나는 작은 변화를 시도해 본다. 누군가에게 먼저 미소를 건네고, 한마디 따뜻한 말을 전하는 것. 아주 작은 실천이지만, 그 변화가 차곡차곡 쌓이면 언젠가 더 나은 세상을 만드는 힘이 될 것이다.

흙길을 따라

어젯밤 몸살 기운에 잠을 설쳤다. 몸이 무겁고, 피곤했다. 그런데도 나는 결국 맨발로 길을 나섰다. 예전처럼, 발바닥이 흙길을 느끼면 다시 일어설 수 있다는 확신이 있었기 때문이다.

오늘 발바닥은 유난히 민감했다. 땅의 거친 감촉이 몸에 아픔으로 전해졌다. 하지만 그 아픔 속에서 살아있다는 감각이 느껴졌다. 한 걸음, 또 한 걸음. 걷다 보니, 잊고 있던 어린 시절이 떠올랐다. 고향의 흙길을 맨발로 달리던 기억이 생생했다. 뜨거운 땅 위를 뛰며 발끝이 간질거리고, 그때마다 냇가로 달려가 발을 담갔던 그 순간들이.

운동 기구가 있는 곳에 도착해 윗몸 일으키기 20회를 하니 몸에 열이 퍼졌다. 발끝부터 시작된 열감이 온몸을 감싸며 피곤함을 몰아내고 있었다. 오늘도 맨발 걷기는 내 몸과 마음을 어루만져 주었다.

그럼에도 마음 한변엔 묵직한 그리움이 자리했다. 며칠 전 첫 외손자의 얼굴을 처음 봤을 때의 감동이 떠오른다. 딸이 첫아기를 품고 있는 모습을 보니 얼마나 대견하고 아름다웠는지. 사위는 딸의 고통을 함께 나누며 옆을 지켰고, 사돈인 조앤 여사와 나는 한마음이 되어 손자를 돌봤다.

그날 밤, 손자의 울음소리에 가족 모두가 달려들었다. 조앤 여사는 노래를 부르고, 사위는 기타를 치며 즉석 음악회를 열었다. 신기하게도 손자는 잠잠해졌다. 피곤함 속에서도 웃음이 끊이지 않았다. 그 모습에서 오래전, 딸이 갓 태어났을 때 우리 가족이 함께했던 겨울밤의 따스함을 떠올렸다.

그 시절과 지금의 내 모습이 교차하며, 세월의 신비로움을 느꼈다. 딸은 엄마가 되었고, 나는 외할머니가 되었다. 그러나 그 시간이 남긴 사랑과 웃음은 여전히 변하지 않았다.

그리고 이제, 손자는 중학교 2학년이 되었다. 의젓하게 수학, 음악, 축구를 잘하고 있고, 동생은 초등학교 6학년이 되었다. 두 아이는 미국에서도 씩씩하게 자라며 각자의 길을 가고 있다. 그들의 첫울음이 집 안을 가득 채웠던 날이 바로 어제처럼 느껴진다. 세월은 참 빠르고, 그 속에서 쌓인 추억은 깊다.

발바닥의 통증이 사라지고, 걸어왔던 길이 다시 나를 감쌌다. 그 길을 걷는 동안, 나는 하나의 생각을 품었다. 삶은 매 순간 닳아가는 과정이지만, 동시에 새로워지는 과정이다. 우리는 매일 발바닥으로 세상의 굴곡을 느끼며 걸어간다. 거친 길도, 부드러운 잔디도 다 지나가야 할 길이다. 때로는 아프기도 하고, 따뜻함을 주기도 한다. 중요한 건 어떤 길이든 우리가 그 위를 걸으며 자신만의 흔적을 남긴다는 것이다.

삶의 길에서 우리는 아픔을 겪고, 그 아픔을 딛고 나아가면서 성장한다. 발바닥에 남은 감각은 삶의 기억이다. 때로는 고통이지만, 그 고통이야말로 우리가 살아있음을 느끼게 한다. 그 기억은 우리에게 선물처럼 다가오며, 삶의 진정한 의미를 가르쳐 준다.

내일 또 어떤 길을 걷게 될까? 흙길, 돌길, 새로운 길일지도 모른다. 중요한 건 내가 여전히 그 길 위를 걷고 있다는 것이다. 내일의 길이 또 어떤 이야기를 들려줄지 기다리며, 나는 오늘을 감사히 보낸다.

바람이 스친다. 그 바람은 지난날의 나와 오늘의 나를 이어주는 다리처럼 느껴진다. 오늘도 나는 감사와 그리움 속에서 한 걸음을 내디딘다. 내일의 길이 또 어떤 이야기를 들려줄지 기다리며.

28년의 감사와 운동

28년 전, 신장암 말기 판정을 받았다. 의사에게서 들은 '시한부'라는 진단은 깊은 충격을 주었고, 죽음이 다가오는 현실을 직시하게 했다. 삶의 끝자락에서 나는 문득 물었다. '왜 살아야 하는가?' 이 질문은 단순히 생명의 연장을 뜻하는 것이 아니었다. 나는 내 존재의 의미를 깊이 묻고, 그 의미를 찾아가기 위한 길을 걸어야 했다. 그러던 중, 나의 삶에서 중요한 철학적 깨달음을 얻었다. 죽음이 아닌, '현재'를 살아가는 것. 그것이 내가 선택한 길이었고, 내 몸과 마음을 하나로 움직이게 한 이유였다.

시간은 언제나 흐르고 지나간다. 그리고 그 흐름 속에서 우리는 끊임없이 삶의 의미를 되새기게 된다. 하이데거의 '현존재' 개념처럼, 인간은 죽음을 직시하는 존재로서 '현재'를 살아가야 한다. 과거의 기억과 미래의 불확실성에 사로잡히기보다 '지금, 이 순간'을 충실히 살아야 한다는 사실을 깨달았다. 신장암 판정을 받았을 때, 나는 죽음을 준비하는 대신, 삶을 온전히 살아가기로 결심했다. 그때부터 매일 운동을 시작했다. 그 운동은 단지 몸을 단련하는 것이 아니라, 내 존재의 의미를 매일 묻고, 그것을 실천하는 일이었다. 나는 몸을 통해 시간을 직시하며, 나 자신을 진지하게 돌아보았다.

매일 아침, 훌라후프를 돌리고 덤벨을 들며 하루를 시작한다. 이 작은 운동은 내 몸을 움직이는 것 이상의 의미를 지닌다. 그것은 내 삶에 대한 철학적 실천이다. 운동을 하며, 나는 매일을 살아가는 방식에 대해 깊이 생각했다. 내 몸은 내가 존재하는 방법을 나타낸다. 나는 몸을 통해 의지를 표현하고, 그 의지로 존재를 더욱 굳건히 만들었다. 운동을 하면서 하이데거의 말처럼 '현존재'로서 내가 존재하는 이 순간을 온전히 살아가고 있다는 사실을 느꼈다. 나의 존재는 단지 생리적인 사실을 넘어서, 내 마음과 몸을 통합시키는 과정에서 그 의미를 찾을 수 있었다.

신장암 판정을 받았을 때, 의사들은 '한계'를 명확히 정의했다. 그러나 나는 그 한계를 넘기 위해 노력했고, 그 과정에서 새로운 가능성을 발견했다. 철학자 니체는 인간 존재를 '가능성의 존재'로 보았다. 우리는 끊임없이 자신을 초월하려는 능력을 지닌 존재로, 한계를 설정하기보다는 그 한계를 넘어서려는 의지를 가져야 한다는 것이다. 28년 동안 나는 운동을 통해 그 가능성을 실천해 왔다. 처음에는 고통스러웠고, 몸은 나에게 말썽을 부렸지만, 점차 한계를 넘는 경험을 했다. 그 경험 속에서 내 몸이 단순히 육체적인 기계가 아니라, 나의 의지를 실현하는 중요한 도구라는 사실을 깨달았다.

그러나 그 변화는 단순히 외형적인 것이 아니었다. 내 마음과 삶의 태도 역시 변했다. 나는 더 이상 내 몸을 고통스러운 존재로 보지 않았다. 오히려 내 몸은 나의 존재를 더욱 풍요롭게 만들기 위한 도전이었다. 니체는 "고통은 삶의 중요한 부분이다. 그것을 통해 우리는 더 강해지고, 더 깊은 존재가 된다."라고 말했다. 나는 운동을 통해 내 몸의 고통을 받아들이고, 그것을 초월하면서 내 존재의 깊이를 느꼈다. 운동은 내 삶에 감사하는 방법이었다. 살아 있음에 감사하고, 그 감사의 마음을 통해 몸을 변화시키며, 존재의 의미를 실현해 가고 있다.

운동을 하며 나는 '살아 있음'의 본질을 느끼고, 그것에 대해 깊이 성찰했다. 살아 있다는 것, 그 자체가 얼마나 귀한 일인가. 그리고 그 '살아 있음'을 제대로 누리기 위해서는 몸과 마음의 통합이 필수적이었다. 운동은 나의 존재를 통합하는 중요한 실천이었고, 그 통합 속에서 진정으로 내 삶을 살아가고 있다는 것을 느꼈다. 감사는 삶을 이끌어가는 중요한 원칙이 되었고, 운동은 내 존재의 의미를 찾는 철학적 실천이 되었다. 그 실천을 통해 오늘도 삶을 온전히 살아가고 있다.

쉼을 위하여

밤새 내린 눈이 온 세상을 하얗게 덮었다. 창밖을 바라보니 익숙한 거리조차 낯설게 느껴진다. 이곳에서는 좀처럼 보기 힘든 광경인데, 마치 오늘을 위해 특별히 준비된 듯하다.

오늘은 46년 동안 쉼 없이 달려온 사업을 새로운 주인에게 맡기는 날이다. 계약서를 앞에 두고 있지만, 마음이 마냥 가볍지만은 않다. 기대와 안도, 아쉬움과 미련이 묘하게 뒤섞여 차곡차곡 쌓인다.

"우리 삶은 우리가 내린 선택의 종합이다." (장 폴 사르트르)

처음 이 일을 시작할 때는 대가족이 한집에 살던 때였다. 자금이 부족했지만, 망설임 없이 도움을 내밀어 준 친구가 있었다.

"잘될 거야. 걱정하지 말고, 시작해."

그 말 한마디가 든든한 버팀목이 되어주었다.

그로부터 많은 시간이 흘렀다. 함께 살았던 시부모님은 이제 기억 속에서만 만날 수 있고, 내 딸과 아들은 가정을 이루었으며, 손자들은 어느새 중학생과 초등학생이 되었다. 한때는 매일 부딪치던 시간이 이제는 추억이 되었다.

"모든 것은 흐르고, 변하지 않는 것은 없다." (헤라클레이토스)

사업을 하면서 만난 고객들은 단순한 손님이 아니었다. 명절이 다가오면 가게는 더욱 분주해졌고, 다양한 직업을 가진 이들이 선물을 고르러 왔다. 때로는 고객을 대신해 감사 편지를 써주기도 했고, 특별 포장이 계기가 되어 단골이 된 사람들도 많았다.

비 오는 날이면 조용히 들러 차를 마시며 이야기를 나누던 어르신들, 오랜 친구처럼 마음을 나누던 단골들. 그들과 함께한 시간은 단순한 거래가 아니라, 나의 삶을 이루는 소중한 연결이었다.

"인간관계는 거래가 아니라 연결이다. 그것은 더불어 존재하는 방식이다." (마틴 부버)

그중에서도 20년 전, 공단에서 판촉을 위해 30여 개 회사를 방문했던 일이 떠오른다. 중소기업청 사이트에서 사장님들의 기업 이념과 사회공헌 활동을 조사해 정리한 후, 한 곳씩 찾아갔다.

한여름 비수기, 선물과 음료수를 가득 싣고 공단을 돌며 홍보하던 날. 운전이 미숙해 곤란한 상황에 부닥쳤을 때, 한 사장님이 선뜻 나서서 내 차를 안전한 곳으로 옮겨주었다. 그렇게 시작된 인연이 20년 동안 이어졌고, 놀랍게도 지금 사업을 인수하는 사람 역시 그 회사의 총무님이다.

처음부터 예정된 길처럼, 마지막 순간까지도 자연스럽게 이어지는 인연이 신기할 따름이다.

"우연은 신이 남긴 서명이다." (알베르트 아인슈타인)

이제 내가 걸어온 길을, 내가 가꿔온 터전을 믿음직한 사람에게 맡긴다. 한때는 맨손으로 시작한 사업이었지만, 이제는 업계에서 인정받는 우수 매장이 되었다. 그래서 더 떳떳하게 넘겨줄 수 있다. 단순히 문을 닫는 것이 아니라, 내가 일궈온 가치를 누군가가 이어간다는 것. 그것이야말로 보람이 아닐까.

"우리는 나무를 심고, 후대는 그 그늘에서 쉰다." (워렌 버핏)

하지만 쉼을 선택했다고 해서 모든 것을 내려놓는 것은 아니다. 오히려 이 쉼을 통해 나는 새로운 의미를 찾고 싶다.

46년 동안 한 걸음 한 걸음 걸어오며 때로는 넘어지고, 때로는 다시 일어서며 쌓아온 시간. 그 속에서 배운 것들이 내 안에 단단히 자리하고 있다. 이제는 그 시간을 바탕으로 내가 정말 원하는 것을 찾아가는 시간이 되길 바란다. 사업을 할 때와는 또 다른 방식으로 내가 익히고 배운 것들을 펼쳐보고 싶다. 조금 더 나다운 방식으로, 조금 더 나를 위해 살아보고 싶다.

쉼을 선택했지만, 결코 멈춘 것은 아니다. 지금까지 달려온 시간이 헛되지 않도록, 앞으로도 나만의 속도로 새로운 길을 걸어갈 것이다. 그리고 언젠가 오늘을 떠올리며 스스로에게 말할 수 있기를.

"참 잘 걸어왔다. 그리고 잘 내려놓았다."

"모든 끝맺음은 새로운 시작을 위한 문이다." (에픽테토스)

때로는 차선을 선택한다

나는 목표에 지향점을 두는 것을 좋아하지 않는다. 꼭 무언가를 이루어야 한다는 강박이 내겐 맞지 않았다. 대가족과 살아서일까, 맏며느리로서의 책임감 때문일까. 살아오며 마주한 억울한 일들이나 꼭 해야만 했던 일들 앞에서 나는 어느새 이런 생각을 하게 되었다.

"안 되면 다른 걸 하면 돼."

삶은 그렇게 굽이굽이 흘러왔다. 어찌 보면 요령이었고, 어찌 보면 내 방식이었다.

금봉산에 오른다. 길섶에는 냉이와 쑥이 파랗게 돋아나 손짓하고, 개나리와 벚꽃은 살며시 고개를 내민다. 햇살을 머금은 나뭇잎들은 보송보송하게 피어나고, 흙 내음은 산등성이를 타고 온다. 바람을 맞으며 천천히 걷는다. 정상을 향해 발걸음을 옮기는데, 앞서가던 어르신 한 분이 내 발걸음을 보며 말을 건넨다.

"장하다, 참 장하다. 어찌 그리 거뜬한가."

"운동을 좀 합니다."

혼자 걷고 싶었기에 미소와 함께 답한 후 인사를 건네고 보폭을 넓혀 길을 재촉한다.

정상에 도착하니 한 부부가 나무 벤치에서 팔굽혀펴기하고 있다. 두 사람은 익숙한 듯 나란히 구령을 붙이며 운동을 이어간다. 저렇게 함께하는 삶도 좋겠다는 생각이 스친다. 산에서는 아무런 생각을 하지 않아도 뜻밖의 기억들이 불쑥 떠오른다. 오늘은 부모님이 문득 떠오른다.

내가 태어난 곳은 대구의 방직공장 임시 건물이었다. 판자로 만들어진 방 한 칸, 작은 부엌이 달린 곳이었다. 어머니는 가끔 그 시절을 떠올리셨다.

"네가 태어난 곳은 그런 곳이었단다."

담담하게 말씀하셨지만 그 속에 묻어 있는 무게를 느낄 수 있었다.

1955년, 나라 전체가 어려웠던 시절이었다. 아버지는 부모님을 일찍 여의고 어린 동생 넷을 책임져야 했다. 외가는 시골에서 나름 부유한 편이었지만, 가난한 아버지에게 어머니를 시집보냈다. 정보가 없던 시절, 중매로 이어진 결혼이었다. 가난 속에서 나를 낳았고, 얼마 지나지 않아 작은어머니가 출산 중 세상을 떠났다. 결국 어머니는 나와 사촌 여동생을 함께 키우셨다. 어머니는 그 이야기를 하실 때마다 목이 메셨다.

"갓난쟁이 둘을 품고 사는 일이란 하루하루가 다 기적이었다."

사촌이 다섯 살이 되었을 때, 작은아버지가 재혼하시며 딸을 데려갔다. 하지만 여전히 아버지는 삼촌들의 삶에 깊이 관여했다. 작은아버지가 젊은 나이에 세상을 떠났을 때도, 부모님은 논을 팔아 작은 집을 마련해 주셨다. 그렇게 자란 여동생은 자주 우리 집에 찾아왔다.

벚꽃길을 걷다 보니 사람들이 활짝 핀 꽃을 감상하며 사진을 찍는다. 그런데 그 틈에서 나무 옹이와 이끼를 사진으로 담고 있는 중년 남성이 보였다. 궁금해 다가가 물었다.

"사진작가세요?"

"아뇨, 취미로 찍습니다."

그는 고개를 저으며 웃었다. 그가 보여준 사진에는 옹이 속에서 새초롬하게 피어난 벚꽃과 나무에 낀 파란 이끼가 담겨 있었다. 다른 사람들은 화려한 꽃송이에 시선을 빼앗겼지만, 그는 남들이 보지 않는 곳에서 아름다움을 찾고 있었다. 그 순간, 나는 깨달았다.

사람들은 목표를 향해 직진하는 것이 당연하다고 여긴다. 그러나 때로는 차선을 바꾸는 일이 필요하다. 정상에 오르지 않아도, 길가에 핀 꽃 한 송이에 마음을 빼앗길 수 있다. 차선은 결코 실패가 아니다. 오히려 그 속에서 우리는 예상치 못한 풍경을 만난다.

삶을 살아가며 우리는 때때로 불가피하게 방향을 틀어야 할 때가 있다. 직진이 어렵다면 옆길을 택해도 된다. 목표는 꼭 정면에만 있는 것이 아니다. 차선을 바꾼다고 해서 목적지에 닿지 않는 것은 아니다. 오히려 그 차선에서 더 많은 것을 배울 수 있다.

나는 오늘도 산길을 걷는다. 벚꽃을 지나, 옹이를 지나, 작은 것들의 아름다움을 지나간다. 삶도 그와 같다. 곧장 가지 않아도 된다. 때로는 차선으로 가도 괜찮다.

오늘도 나는 걷는다

♥

　부산 바다는 겨울에도 온기를 품고 있었다. 송도와 송정 두 해변을 맨발로 걸으며, 나는 파도와 함께 호흡했다. 마흔다섯 명의 동행인과 함께 걸었고, 자유를 만끽하며 함께 접지를 나누었다. 차가운 모래와 짠바람이 마음속 먼지를 털어내듯 다가왔고, 처음엔 얼얼하던 발바닥의 감각조차 점차 내 몸과 하나가 되었다. 이것이야말로 진정한 자유일까.

　그러나 해변의 평화로움 속에서도 현실은 교묘히 스며들었다. 휴대전화에서 울린 알람음이 그 증거였다. 법원 옆 도로에 주차한 내 차가 주정차 위반으로 단속되었다는 메시지였다. 파도 소리를 들으며 느꼈던 해방감에 작은 균열이 생겼다. 나는 생각했다. '아, 깜빡했구나.' 바다 위를 떠다니는 듯한 나의 마음은 어느새 현실로 발목을 잡혀 끌려왔다.

　곰곰이 생각해 보면, 우리의 삶도 이와 다르지 않다. 바다를 걷는 순간처럼 평온하고 행복한 시간에도, 언제나 책임이라는 현실이 곁에 있었다. 결혼 후 45년간 팔 남매의 맏며느리로, 두 아이의 어머니로, 한 가정의 중심으로 살아왔다. 시부모님과 함께 살았던 26년간은 특히 그러했다. 한집에서 여러 식구가 어울려 사는 삶은 결코 쉬운 일이 아니었다. 어머님과 아버님을 모시며 때로는 울고, 때로는 웃었다. 명절이면 끊임없이 차려야 했던 밥상, 일상에 스며든 크고 작은 갈등들, 그리고 언제나 나를 부르던 가족들의 목소리. 그 모든 것이 그 시절에는 무겁고 복잡하게만 느껴졌다.

그러나 지금, 그 시간을 돌아보면 모든 소란과 번잡함이 곧 사랑이었다는 사실을 깨닫는다. 어머님과 아버님을 떠나보낸 지 벌써 10년이 지났다. 그 시절이 그립다. 대가족이 함께 모여 살며 나누었던 사는 맛과 멋은 이제 내 마음 밑바닥에 반짝이는 보석처럼 남아 있다. 흙길을 맨발로 걸을 때면 문득 그분들의 이름을 부르며 혼잣말하곤 한다.

"어머님, 아버님, 그땐 왜 그리 힘들다고만 생각했을까요? 지금은 참 고맙고 그립습니다."

흙길을 걷던 어느 날, 나는 바다와 나란히 서 있는 두 명의 연인을 만났다. 한 사람은 파도를 따라 달리고 있었고, 다른 이는 해변 모래에 긴 호선을 그리며 파도와 거리 두기를 하고 있었다. 첫 번째 사람에게 물었다.

"왜 그렇게 달리고 있나요?"

그는 헐떡이며 대답했다.

"파도가 사라지기 전에 따라잡으려고요. 저 순간을 잡고 싶습니다."

하지만 파도는 그가 달리는 속도보다 더 빠르게, 그리고 더 자유롭게 사라져갔다. 다음으로 모래에 발자국을 남기며 천천히 걷는 다른 이에게 물었다.

"왜 파도와 떨어져 걷고 있나요?"

그는 미소 지으며 대답했다.

"파도는 그냥 흘러가도록 두는 겁니다. 저는 그저 제 발걸음을 지키고 싶어요."

그들의 대화를 곱씹으며 생각했다. 파도를 쫓는 사람도, 파도를 놓아두는 사람도 나름의 방식으로 자신의 삶을 살고 있다. 하지만 나는 파도의 물결이 내 발을 스치도록 내버려두고 싶다. 잡으려 하지도 않고, 밀어내지도 않으면서 그저 나를 거쳐 흘러가게 하는 것. 그렇게 사는 것이 바다와 흙길 사이의 조화를 느끼며 사는 것이 아닐까.

부산에서 받은 주정차 위반 문자 또한 내게 작은 깨달음을 주었다. 우리의 삶은 늘 이렇게 두 갈래로 이어진다. 해방감과 책임감, 자유와 의무. 바다를 걷는 기쁨은 있지만, 그 기쁨을 땅 위에 단단히 붙잡아주는 현실이 있기에 더욱 소중하다.

나이는 단순히 숫자가 쌓이는 것이 아니라, 삶의 깊이가 더해지는 과정임을 느낀다. 지나온 날들이 쌓여 지금의 나를 이루었고, 그 무게는 내 삶의 보배가 되었다. 부산의 바다와 흙길은 그 사실을 다시금 내게 일깨워 주었다. 자유를 느끼게 하는 바다와, 현실로 묶어주는 의무처럼 삶은 이 모든 요소의 조화 속에서 완성된다.

오늘도 나는 걷는다. 맨발로 흙길을 걸으며 그리움을 품고, 감사의 마음으로 하루를 살아간다. 발끝에 닿는 흙은 어머님과 아버님이 남겨준 삶의 무게를 닮았고, 파도는 흩날리던 나의 청춘을 닮았다. 그 이름들을 가슴에 품으며 기억한다.

그리고 깨닫는다. 삶은 바다처럼 자유롭게 흘러가지만, 흙길처럼 단단히 이어진다는 것을. 그 두 갈래 길이 하나가 될 때, 비로소 우리는 온전한 삶을 살아가는 것이 아닐까.

그리움과 감사를 가슴에 품고, 오늘도 나는 그 길을 걷는다.

맨발 산책

10년 전, 산악회에서 앞산을 올랐다. 그런데 눈이 쌓인 산길 위에서 맨발로 걷는 사람이 있었다. 발이 시리지 않을지 모두가 걱정하며 물었지만, 그는 미소 지으며 이렇게 말했다.

"이게 진짜 자연과 연결된 느낌 아닐까요?"

그 말을 듣는 순간 나는 그 연결이라는 게 뭘까 궁금해졌다. 용기가 생겨 집 앞 초등학교 운동장에서 맨발로 걸어보기 시작했다. 힘들면 그냥 그만두려는 생각이었다. 처음엔 발이 따끔거리고 물집도 생겼지만, 며칠 지나니 그 물집이 흔적도 없이 사라졌다. 그래서 다음엔 가까운 산에 가서 한 시간 넘게 걸어봤다. 놀랍게도 발은 괜찮았고 몸도 한결 가벼워졌다. 그때 깨달았다. 맨발 걷기가 단순히 운동이 아니라, 내 몸과 마음을 치유하는 과정이라는 것을.

건강 때문에 그동안 좋다는 건 다 해봤다. 약도 먹어보고 치료도 받았지만, 큰 효과는 없었다. 그래서 더는 안 된다는 체념 속에 살았다. 그런데 맨발 걷기는 달랐다. 흙을 밟는 순간부터 기분이 좋아지고, 오감이 깨어나는 느낌이 들었다.

발은 '제2의 심장'이라고들 한다. 맨발 걷기는 세로토닌 분비를 돕고 혈액순환도 촉진한다. 역사적으로 위대한 철학자들과 사상가들도 걷기를 중요하게 여겼다. 아리스토텔레스는 제자들과 함께 걸으며 철학적 대화를 나눴다. 아인슈타인도 연구소 근처를 맨발로 걸으며 상대성이론의 아이디어를 떠올렸다고 했다.

프리드리히 니체는 "위대한 생각은 걷는 동안 탄생한다."라고 말했다. 그는 산책을 단순한 움직임이 아니라 사유의 도구로 여겼다. 실제로 니체는 알프스의 자연 속에서 매일 수 킬로미터를 걸으며 그의 주요 철학적 개념을 발전시켰다. 걷는 동안 떠오른 사상들은 그의 저서에 그대로 담겨 있다.

소크라테스는 아테네 시장과 길거리를 걸으며 사람들과 대화하는 방식을 통해 철학적 사유를 끌어냈다. 이른바 '산책하는 철학자'로서, 그는 걷기를 통해 세상과 소통하고 삶의 본질에 관한 질문을 던졌다. 걷는 행위는 단순한 이동이 아니라 사람들과의 관계 속에서 진리를 찾는 과정이었다.

루소는 산책을 통해 인간과 자연의 조화를 느꼈다고 말했다. 그는 자연 속에서 걷는 것을 최고의 정신적 힐링 방법으로 여겼다. 그는 산책을 단지 사색을 위한 것이 아니라, 인간의 본성을 자연과 연결하는 중요한 시간으로 간주하였다. 그의 대표작 『고백록』에서 산책 중 떠올랐던 깨달음을 자주 언급한다.

헨리 데이비드 소로는 대표작 『월든』에서 자연 속에서의 걷기를 통해 인간이 자연과 다시 연결되어야 한다고 강조했다. 그는 걷는 행위를 단순한 이동이 아니라 자연의 일부가 되는 의식적 경험으로 여겼다. 그의 산책 철학은 인간의 본성과 환경의 조화를 위한 메시지로 자리 잡았다.

그렇게 보면 걷기는 단순한 움직임이 아니라 몸과 마음, 그리고 자연과 연결되는 행위인 것 같다. 사실 내 어린 시절에도 맨발 걷기는 특별한 기억으로 남아 있다. 유년 시절, 나는 허약해서 부모님께 걱정을 많이 끼쳤다. 다리를 절며 걷는 나를 위해 아버지는 매일 마을 뒷산에 데리고 가 맨발로 걷게 했다. 그때 아버지가 말씀하셨다.

"다리에 근육이 붙으면 괜찮아질 거야."

그렇게 걸으며 이름 모를 풀과 들꽃을 배우고, 아버지와 이야기를 나누던 그 시간이 나를 바르게 걷게 해줬고, 내 마음마저 치유했다.

30대 후반에는 여러 가지 불행이 겹쳤다. 신장암 말기 판정을 받기도 했다. 암 투병 중 허리를 다쳐 큰 수술까지 받았다. 우리 가족의 헌신적인 돌봄과 삶에 대한 나 자신의 의지 덕분에 지금은 다시 건강한 몸이 되었다. 산책은 그렇게 찾은 소중한 건강을 지키는 최고의 영양제 역할을 하고 있다. 게다가 나이 오십 넘어 느지막이 글 쓰는 작가로도 데뷔했다. 맨발 산책은 글을 쓰기 위한 깊은 사유의 시간을 만들어 주기도 했다.

꽃은 자연 속에 있을 때 가장 아름답고, 새소리는 산속에서 가장 맑게 들린다. 삶이 너무 복잡하다고 느낄 때일수록 기본으로 돌아가야 한다. 그래서 오늘도 맨발로 걷는다. 흙과 연결되고, 자연과 대화하며, 내 삶의 속도를 되찾기 위해서다.

딱 53만 원

- [Here's to the fools who dream]

마지막 소망이 실현된 날, 2020년 12월 20일. 아침 공기가 차가웠다. 눈을 뜨자마자 훌라후프를 200번 돌리고, ABC 주스를 한 잔 마셨다. 몸을 가볍게 움직이고 나니 마음도 정리되는 기분이었다.

쌀쌀한 날씨에 오징어찌개를 끓였다. 부엌에 퍼지는 국물 냄새가 아늑했다. 남편이 출근하고, 집은 고요해졌다. 잠시 거실을 정리한 후, 점심으로 고구마를 에어프라이어에 넣고 40분을 맞춰두었다. 곱게 말린 무시래기를 삶으며 내일 아침을 상상했다. 고요한 부엌에서 혼자 중얼거렸다.

"시래기 된장찌개, 참 맛있겠지."

매년 마지막 날엔 나만의 특별회계 봉투를 연다. 그 봉투에는 일상 중 내가 나에게 칭찬할 일이 있을 때마다 모아둔 나만의 상금이 들어있다. 올해는 딱 53만 원이 모였다. 무엇을 할까? 설레는 마음으로 찾고 찾다가 필요한 것이 떠올랐다. 나의 서재에서 영화를 즐기고 싶었다.

가격을 검색하고 나에게 맞는 가정용 빔프로젝터를 찾았다. 생각보다 비싸서 망설였지만, 결국 전문 매장으로 향했다. 연말이라 할인과 경품까지 덤으로 받았다. 스크린은 또 다른 전문가에게 부탁해 완성했다. 매장 직원이 내 이야기를 듣더니 특별히 가격을 더 낮춰주었다. 덕분에 점 하나가 아니라 점 세 개쯤은 찍는 듯한 기분이었다. 참 행운을 맞이하는 해가 되어 가슴이 벅찼다. 내가 나를 알아주니 더 바랄 것이 없는 풍족한 기분이었다.

이제 온전히 나만의 시간이다. 방으로 들어가 빔프로젝터를 켰다. 한 달 전 설치해 두고 바빠서 켜보지 못했다. 벽에 비친 〈리틀 포레스트〉의 장면이 서서히 마음속으로 스며들었다. 영화관에서 봤던 장면이었지만, 집에서 혼자 보는 이 순간은 달랐다. 조용히 내 안으로 스며드는 만족감이었다.

혜원이 엄마와의 추억을 되새기며 음식을 만들 때마다, 나 또한 내 어머니와의 기억이 떠올랐다. 따뜻했던 밥상, 함께 웃었던 시간. 그 모든 순간이 스크린을 통해 되살아났다. '이게 내가 꿈꿨던 삶이었구나!' 마음속으로 속삭였다. 일주일에 한 편씩 영화를 보기로 결심했다. 배경이 아름답고, 음악이 좋은 영화를.

그날은 두 편의 영화를 보았다. 두 번째 영화는 〈라라랜드〉였다. 영화가 시작되자마자 화면 가득 쏟아지는 색채와 음악이 나를 빨아들였다. 피아노 선율이 방을 가득 채우고, 색색의 불빛들이 내 마음을 두드렸다.

음악이 참 달콤했다. 잔잔하게 흐르다가도 어느 순간 튀어 오르는 재즈 선율이 심장을 가볍게 흔들었다. 배우들의 노래가 바람처럼 방 안을 떠돌았다. 마치 향기처럼 내 안에 스며들어 떠나지 않았다. 미아와 시배스천이 서로를 바라보며 춤을 추던 장면에서는 가슴이 저릿했다. 그들이 꿈을 이야기하는 장면은 마치 내 마음 깊은 곳의 소망을 건드리는 듯했다.

"Here's to the fools who dream."

미아가 무대에서 노래를 부르던 장면이 유난히 기억에 남았다. 나도 언젠가는 세상의 시선에 아랑곳하지 않고 내 꿈을 믿었던 적이 있었다. "미친 꿈을 꾸는 사람들에게 건배를."이라는 말이 가슴 깊숙이 스며들었다.

라라랜드의 음악이 끝난 후에도 나는 쉽게 자리에서 일어나지 못했다. 여운이 오래 남았다. 창밖에는 겨울밤이 깊어지고 있었지만, 내 방 안은 여전히 따뜻한 재즈 선율로 가득했다. 마치 그 도시의 밤거리를 걷는 듯했다.

영화를 보고 있으면, 마음속에 한 문장이 남는다. '모든 영화에는 한 장면, 한 문장이 있다. 그게 내 삶에 오래 남는다.' 가끔은 그 문장 하나가 하루를 살아가는 힘이 되기도 한다. 문득 영화는 삶을 들여다보는 창이라는 생각이 든다.

그 순간, '나의 쿼렌시아는 어디인가?' 라는 물음이 떠올랐다. 내가 가장 나답고 온전히 쉴 수 있는 곳. 너무 멀리 나가지 않아도, 내 안으로 돌아오는 일이 나를 지키는 길이라는 생각이 들었다.

세상은 아팠고, 나도 때로는 아팠다. 하지만 문제없다고 쉽게 말하기 전에, 그 기준을 타인으로 옮겨야 한다는 깨달음이 찾아왔다. 자기중심에 머무는 것이 아닌, 세상을 내 마음의 중심에 두는 일. 그것이 진정한 평화라는 것을.

나는 타인이 기대하는 '누구여야만 하는 나'가 아니다. 어디에 있어야만 하는지도 내가 결정한다. 타인의 시선에 나를 맞추는 순간, 불행이 시작된다. 사람들은 내 이름을 알지만, 내 이야기를 알지 못한다. 내 삶을 살아가는 건 결국 나 자신이다.

가끔은 내가 원치 않는 일이 일어난다. 하지만 그것이 내 삶을 뒤흔들도록 두지 않기로 했다. 첫 번째 화살은 어쩔 수 없지만, 두 번째 화살은 내가 쏘지 않겠다는 다짐했다. 마음의 선택이 내 삶을 지킨다는 것을 알기 때문이다.

고구마가 노릇하게 구워졌다. 창문 밖으로 겨울 햇살이 비쳤다. 그 순간, 가슴이 뛴다. 그것이면 충분했다. 내가 삶을 최대한으로 살고 있다는 것. 그것이 바로 나의 것이다.

영화처럼, 내 삶에도 잊히지 않는 장면들이 있다. 그 장면들이 쌓여 내 이야기가 된다. 오늘도 그렇게 한 페이지가 덧붙여졌다.

우리는 왜 질문할까?

왜 우리는 갈등해야 할까? 아침 뉴스가 흘러나온다.

"우크라이나를 도와줄 수도 있고, 아닐 수도 있지."

트럼프 미국 대통령이 젤렌스키 우크라이나 대통령을 바라보며 말한다. 미국의 군사 원조가 절실한 젤렌스키는 긴장된 얼굴로 앉아 있다. 그러나 트럼프는 미소를 띠며 덧붙인다.

"하지만, 네가 우리를 도와주지 않으면 말이 달라지겠지."

강자가 원하는 것을 위해 약자를 압박하는 것. 이것이 협상인가? 아니면 강요인가? 젤렌스키는 선택의 갈림길에 섰다. 러시아의 위험을 막기 위해 미국의 도움이 필요하지만, 동시에 미국의 정치적 거래에 휘둘리고 싶지는 않다. 국제 관계는 원칙보다 힘과 이해관계가 우선인가? 강한 자는 언제나 약한 자를 시험하는가?

카메라는 다시 한국으로 넘어온다. 비슷한 장면이 반복된다.

미국과 한국의 경제 협상 자리. SK 최태원 회장이 미국 협상단과 마주 앉아 있다. 수십조 원을 투자했지만, 돌아오는 것은 더 많은 요구다.

"한국 기업이 미국에서 더 많은 일자리를 창출해야 합니다."

"반도체 공장은 더 지어야 하고, 기술도 공유해야 합니다."

최 회장은 조심스럽게 말한다.

"기업도 현실적인 어려움이 있습니다. 투자에 대한 성과급이 필요합니다."

그러나 미국 측 협상단은 단호하다.

"우리가 원하는 걸 들어주지 않으면, 불이익이 있을 겁니다."

그리고 한국, 기업들은 정부를 향해 호소한다.

"우리는 경쟁력을 키워야 합니다. 지원이 필요합니다."

그러나 정치인들은 서로 책임을 미루며 말한다.

"기업은 스스로 해야죠. 정부가 할 일은 따로 있습니다."

밀고 당기고, 요구하고 무시하고, 협박하고 버티는 협상의 연속, 이것이 경제이고, 정치인가? 뉴스를 끄고, 가만히 생각한다. 그리고 나 자신에게 질문을 던진다.

"이것이 세상의 방식이라면, 나는 어떻게 살아야 할까?"

아침에 눈을 뜨면, 나는 책에서 한 문장을 읽는다. 딱 한 문장만, 그러고 나서 바로 아침 식사를 준비한다. 반찬은 두 가지면 충분하다. 훌라후프를 5분만 돌리고, 과일을 조금 먹는다. 캡슐 커피 한 개를 뽑아 둘이서 반 컵씩 나눠 마신다. 그리고 집을 나선다. 출근길에 맨발로 3~40분 정도 걷는다. 단순한 하루, 하지만 그 속에서 나는 끊임없이 묻는다.

운동하면 왜 명상이 될까? 몸을 움직이면 마음이 조용해지는 이유는 무엇일까? 우리는 움직일수록 생각을 비우는 걸까, 아니면 더 깊어지는 걸까? 운전할 때 하루의 일정이 왜 머릿속을 스쳐 갈까? 머리는 언제 가장 창의적으로 작동하는 걸까? 왜 우리는 생각을 멈추려 할수록 더 많은 생각을 하는 걸까?

나는 왜 사진을 집 곳곳에 두는 걸까? 아이들이 멀리 있어서일까? 사진을 보며 혼자 말하는 이유는 무엇일까? 기억은 시간이 흐르면 사라지는 게 아니라, 더 선명해지는 걸까?

기억 속의 나는 지금의 나와 같은 사람일까? 내가 살아온 시간 속에서 변한 것은 무엇이고, 변하지 않는 것은 무엇일까? 과거의 나는 지금의 나를 보고 뭐라고 말할까? 미래의 나는 지금의 나를 보고 어떤 질문을 던질까?

나는 나를 충분히 사랑하고 있을까? 사랑한다는 것은 나를 아끼는 것일까? 아니면 더 나아지도록 밀어붙이는 것일까? 충분히 사랑한다는 것은 어떤 의미일까?

나는 어떤 순간에 가장 행복한가? 행복은 커다란 변화에서 오는 걸까, 아니면 작은 습관에서 오는 걸까? 지금 나는, 행복한가?

질문이 끝나는 날이 올까? 나이 들면 나는 어떤 모습일까? 노인의 모습이 나도 될까? 인공지능 시대에 나이 들수록 더 나아지는 방법은 뭘까?

곱게 삶을 살 수는 없을까? 곱게 산다는 것은 무엇일까? 경쟁하지 않고, 무언가를 빼앗지 않고, 지나온 삶을 부드럽게 마무리하는 것. 그런 삶도 가능할까?

변화된 미래를 상상해 본다. 머리는 가지런한 흰머리가 될까? 잔주름은 미소 주름이면 좋을까? 걷는 속도는 느려도 몸은 반듯할까? 반찬은 여전히 만들까? 글은 여전히 쓸까? 영상은 더 세련되게 만들 수 있을까?

그러다 문득, 이런 생각이 든다. 우리는 평생 질문을 하며 살아간다. 어떤 질문은 쉽게 답을 찾고, 어떤 질문은 평생을 따라다닌다. 어쩌면 삶은 질문을 찾아가는 과정인지도 모른다.

궁금증이 끝나는 그날, 그 순간이 내 인생의 마지막이라면, 나는 조용히 웃으며 떠날 수 있을까? 그리고 남겨진 질문들은, 또 누군가의 질문이 될까?

사랑의 이동

발행 ㅣ 2025년 5월 15일

지은이 ㅣ 임우희
펴낸곳 ㅣ 도서출판 학이사
    출판등록 : 제25100-2005-28호
    주소 : 대구광역시 달서구 문화회관11안길 22-1(장동)
    전화 : (053) 554~3431, 3432
    팩스 : (053) 554~3433
    홈페이지 : http : // www.학이사.kr
    이메일 : hes3431@naver.com

ⓒ 2025, 임우희

이 책은 저작권법에 따라 보호받는 저작물이므로 무단복제를 금합니다.
내용의 전부 또는 일부를 이용하려면 반드시 저작권자와 학이사의 서면
동의를 받아야 합니다.

ISBN 979-11-5854- 563-5 03810